Pamela Mugisha

Amour, sexe, haine, mariage et divorce

Pamela Mugisha

Amour, sexe, haine, mariage et divorce

Éditions Muse

Imprint

Cover image: www.ingimage.com

Publisher:
Éditions Muse
is a trademark of
Dodo Books Indian Ocean Ltd. and OmniScriptum S.R.L publishing group

120 High Road, East Finchley, London, N2 9ED, United Kingdom
Str. Armeneasca 28/1, office 1, Chisinau MD-2012, Republic of Moldova, Europe
Printed at: see last page
ISBN: 978-620-4-96475-1

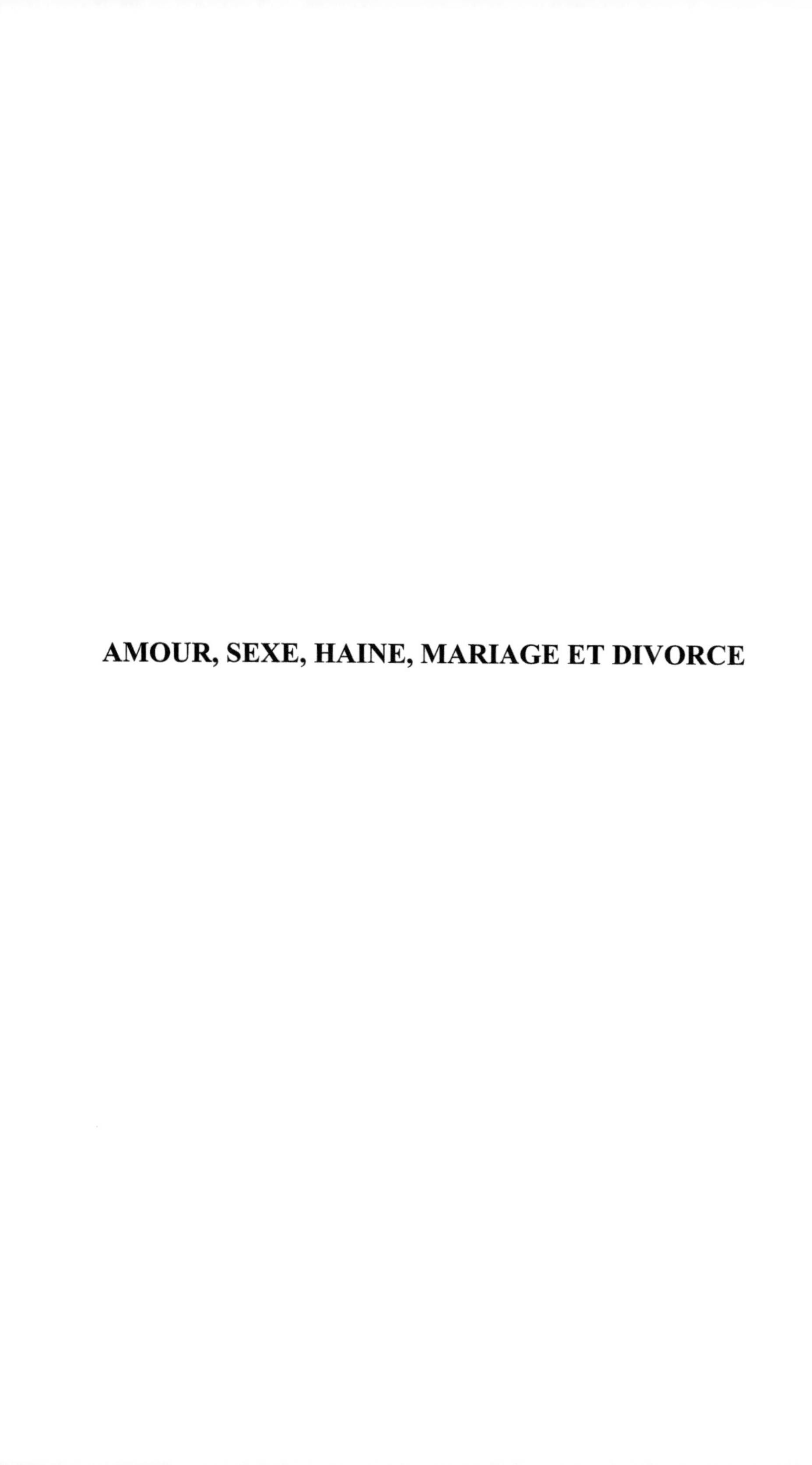

AMOUR, SEXE, HAINE, MARIAGE ET DIVORCE

Photo de couverture :

« L»

(Photo…)

Pamela MUGISHA

AMOUR, SEXE, HAINE, MARIAGE ET DIVORCE

Pamela MUGISHA est née en 1990 à Kinga, en commune et province de Kayanza.

Elle a suivi son cycle d'Enseignement de Base à l'Ecole Primaire de Kirema.

Elle a fait son cycle d'Enseignement Secondaire au Lycée Cibitoke.

Elle a un diplôme de Baccalauréat en Gestion et Administration de l'Université Lumière de Bujumbura ; elle l'a obtenu en 2016.

Actuellement, elle est formatrice dans la Pastorale Familiale et accompagnatrice de guérison, s'intéresse à l'entreprise familiale et à la petite entreprise.

Elle s'intéresse également à la cinématographie, la poésie et l'écriture.

DEDICACE

A toi, jeune gens

A toi, jeune fille

A tous les célibataires [endurci(e)s ou non]

A tous les marié(e)s

A vous frère et sœur [chrétien(ne)s ou non]

SOMMAIRE

INTRODUCTION

C'est quoi l'amour ? C'est quoi la haine ? Amour, sexe et haine, quelle relation ?
Mariage, union amoureuse pour le cru et le cuit, pour le meilleur et pour le pire, jusqu'à la mort.
(*Gusangira akabisi n'agahiye gushika gupfa*) !
Alors… Pourquoi le divorce ?

Le présent texte est une réflexion menée sur tous ces thèmes. L'objectif poursuivi est de faire un clin d'œil à la jeunesse déboussolée. Il s'agit de la jeunesse en général et de la jeunesse de la famille chrétienne en particulier.

La réflexion menée est une réflexion de libre penseur. Libre penseuse ?

Une libre penseuse avec ses convictions, sa croyance ! Il faut ajouter : « avec ses qualités et tous ses défauts, ses faiblesses et ses forces ». Enfin… En toute sa personnalité ! En toute son âme, tout son esprit et tout son corps.

CHAPITRE I

AMOUR ET HAINE

I.1. Ce que c'est l'amour, ce que c'est la haine

L'amour est un sentiment intense et agréable qui incite les êtres à se rapprocher, à s'unir. C'est l'affection.

Quant à la haine, c'est un sentiment de l'âme qui pousse à fuir l'autre, à repousser ce qui est de l'autre ou même à l'attaquer pour le détruire. C'est la désaffection. L'affection /la désaffection, l'amour et la haine sont des opposés comme le sont le jour et la nuit.

D`où viennent ces deux sentiments ?

La haine vient des différentes déceptions qui causent plusieurs blessures intérieures que l'individu peut subir dans la société (couple, famille, entourage, école, club, église, lieu de travail, etc.) et/ou dans la personne elle-même quand il y a des contradictions terreau

L'amour, lui aussi, pousse dans ce même ; mais, il croît plutôt à l'ombre des gratifications positives.

I.2. L’amour, l’Amour

I.2.1. Qu'est-ce que l'amour

L’amour est un sentiment que l’on peut éprouver pour un(e) fils/fille, un(e) père/mère, un parent ou un ami. Amour paternel/maternel ! Amour filial ! Amour fraternel ! « Amour-amitié ».

Bien entendu, quand on parle de l’« amour des amoureux », il ne peut être que pour une personne qui fait chavirer le cœur : l’amour d’un jeune homme pour une jeune fille ou vice versa.

L’amour est un sentiment naturel qui pousse une personne vers une autre pour lui faire du bien et se faire du bien.

Cette sensation peut apparaître comme éprouvante et un bon nombre de personnes tendent à vivre l’« amour-torture ».

Aimer est un sentiment qui lie une personne à une autre, à un être ou à une chose.

L'Amour rassemble toutes les principales valeurs positives de la vie : le respect, la tolérance, le pardon, l'humilité, l'unité, la solidarité, la générosité, la patience, l’empathie, la passion, la compassion, la prévention, l’attention, etc.

L'homme a accommodé ces valeurs à ses croyances, à ses convictions, à ses grades et qualités.

Aimer et être aimé, c'est la source du bonheur. Chacun a le droit d'aimer et d’être aimé.

I.2.2. A partir de quand l'homme a-t-il besoin de l'amour

Dès sa conception, l'être humain est affectueux. Il a donc besoin de l'expérience de l'amour pour un développement authentique de ses facultés socio-amoureuses.

Il n'est pas rare, dans notre quotidien, de côtoyer des marginaux dont les comportements bizarres suscitent notre indignation accompagnée d'importants questionnements par rapport à l'origine de leurs si mauvaises attitudes, bref de leur insociabilité notoire.

Nul ne peut donner ce qu'il n'a pas !

L'homme a besoin de recevoir de l'amour dès son existence. Par ailleurs, ne dit-on qu'un enfant est le fruit de l'amour établit entre sa mère et son père ?

Une fois que le couple parental est en désaccord sur la nécessité d'avoir un enfant et que, par tricherie ou par accident, la maman tombe enceinte, la première victime du conflit lié à cette conception accidentelle sera l'enfant. Dès les premières disputes entre maman et papa, l'enfant en devenir en est affecté.

Plus tard, de ce fait, il se rendra compte qu'il est la source de ce conflit, la malédiction ou le fardeau pour ses parents puis pour toute la société. Dans ce cas, le fruit de l'amour est plutôt le fruit de désaccord.

Ce désaccord, cette désunion, cette mésentente ou cette désaffection fait des ravages dans la vie de l'individu. Le cas des enfants issus des viols en est l'illustration à l'extrême

Les parents doivent bien se comporter (faire preuve d'amour entre eux à l'égard de l'enfant) dès sa conception. Sinon l'enfant lui-même sera incapable d'aimer mais sera plutôt enclin à se créer des ennemis à soi-même et à sa descendance.

I.3. Amour gaspillé

« Gaspiller quelque chose », c'est utiliser « la chose » plus qu'on en a besoin.

Cela fait appel au désordre dans l'amour. Par « désordre », il faut entendre le fait d'aimer plus d`une fille ou plus d'un jeune homme à la fois. Ainsi, l'un des prétendus amants est vraiment aimé tandis que les autres se croient dans l'amour sans qu'ils ne le soient vraiment pas.

Le vrai amour demande une réciprocité relationnelle entre les amants. Quiconque se croit dans l'amour donne le meilleur de son amour croyant le donner à une personne qui l`aime en retour. Quand cela est faux, la personne aura gaspillé son amour en donnant la meilleure part à quelqu'un qui n'en a vraiment pas besoin.

On peut s'imaginer combien l'on est blessé quand on se retrouve à faire la douloureuse découverte de cet échec d`amour. Ce dernier mène dans une impasse.

Plus haut, nous disions que l'on ne peut donner que ce dont on dispose au préalable ; cette fois, il convient de rappeler cette phrase de l'écrivain français, Jean-Jacques Rousseau stipulant que l`homme naît naturellement bon et que c`est la société qui le corrompt.

Ce rapport de l'homme à la société qu'évoque Rousseau veut dire que la société influence ou, mieux, fonde et organise la personnalité de l'individu qui, du point de vue social en dépend. C'est l'inter-influence des deux consciences dont parle Emile Durkheim, le père de la sociologie scientifique : la conscience individuelle et la conscience collective.

Un enfant qui naît et grandit dans une société où l'islamisme radical est perçu comme une valeur, il ne lui sera pas difficile d'adhérer à cette idéologie ou encore à se faire exploser comme pour valoriser sa vocation ultime de sainteté. Dans la société burundaise d`antan, il était interdit de tuer un lézard pour éviter la perte des seins de sa maman. Cela constitue l'une des menaces les plus insondables qu'aucun enfant de la planète « Terre » ne pourrait affronter.

Kirazira kwica umuserebanyi, nyoko yocika amabere (« Interdiction à l'homme de tuer un lézard sinon sa mère perdrait ses seins sur le champ »). Un tel interdit voulait éviter à l`enfant de tuer quoi que ce soit et, à plus forte raison, son semblable. Là, on comprend que tout sang versé constitue une alerte et un deuil pour tous les enfants et pour tous les membres de la société offensée. Cela serait un non-sens dans une quelconque société qui prônerait le principe machiavélique d'éliminer l'autre sous prétexte d'être un obstacle à l'atteinte d'éventuels objectifs politiques poursuivis d'une façon avouée ou inavouée.

Le phénomène de déception est devenu monnaie courante dans la société moderne. Sans pour autant nous intéresser au détail de diverses causes de la déception, il convient de souligner la profondeur de la blessure intérieure qui en résulte et son influence sur la relation future entre l'auteur et la victime de la déception.

La déception dont il est question touche toute relation interhumaine à tout niveau de vie comme à tout âge. Prenons, par exemple, la relation liée aux affaires financières, familiales ou amicales. Plus la relation est sereine, plus la déception est dure et destructrice quand cela arrive.

Dans le présent texte, nous porterons notre attention à la relation entre les amoureux. Aussi nous allons essayer d`analyser les causes et les effets de la déception entre eux en général et, en l'occurrence, à la déception amoureuse de la partie-victime.

I.4.Amour entre une fille et un garçon, amitié, parenté

De prime abord, nous trouvons que le lien qui lie un amoureux à sa préférée n'est pas le même que celui qui lierait par exemple une jeune fille à son frère de sang ou vice versa (amour fraternel) ou un fils/fille à sa mère/son père (amour filial), un jeune à son camarade de classe, bien que tout porte sur l`amour.

Ce lien qui nous intéresse ici, dans ce travail trouve sens dans l`avenir commun des amoureux. C'est pour cela que la déception, une fois qu'elle arrive, affecte beaucoup la victime. Celle-ci est déboussolée et se sent anéantie.

Certains n`hésitent pas à se donner la mort pour cela. Ils choisissent de mettre fin à leur propre vie parce qu'ils croient fermement que, en perdant leur préférée, la vie perd son sens ultime ; en effet, cela se comprend aisément :

tellement ils avaient misé sur leur duo amoureux et engagé l`entièreté de leur vie. Amour/amitié qui tue !

Normalement l'amitié est un sentiment réciproque qui engage deux ou plusieurs personnes l`une envers l'autre ou les unes envers les autres. L'amitié est ce rapport entre amis.

Il existe 3 sortes d`amis :

1. ***Umugenzi*** : c'est celui ou celle qui peut être un bon compagnon
2. ***Umukunzi*** : c'est celui ou celle qui mérite d'être préféré
3. ***Incuti*** : normalement, c'est celui ou celle qui s'impose par des liens de parenté (de sang ou par alliance) ; toutefois, dans le présent texte, ***incuti*** dont nous parlons, c'est celui ou celle avec qui l'on a des liens d'intérêts (positifs ou négatifs).

De fait, ***Umugenzi*** vient du terme ***kugenda*** (marcher) donc ***umugenzi*** est la seconde néologie après ***kugendana*** (marcher avec). Ce dernier signifie être en compagnie de quelqu'un(e).

Authentiquement, ***Umugenzi*** est plus utile pour la vie et la survie d'un individu. Ce genre se traduit par plusieurs sortes ou formes d'amour. L'on a, entre autre un amour agape, un amour charnel, un amour de bienfaisance, un amour de don de soi (***ubugenzi pfampfe***), ***umugenzi ni umwe mugendana ntagusige, mwasangira ntagucure, ababazwa nuko ubabaye akanezerezwa nuko uteye imbere***, etc. L'ami, c'est celui ou celle qui ne te laissera derrière lui ; celui ou celle qui, dans le partage, ne te laissera les miettes ; tes problèmes l'affectera et ton succès le rendra très heureux, etc.

Par contre, ***umukunzi*** vient du terme ***gukunda*** (aimer) qui provoque le fait d'être aimé ***gukundwa*** (être aimé). ***Gukundwa*** suppose être choisi pour être aimé et ***gukunda,*** c'est verser son amour envers celui ou celle que tu as préféré de tous les autres. Evidemment, on peut aimer sans être aimé (***gukunda uwutagukunda***) ; le mieux qui puisse arriver étant d'aimer et être aimé (***gukunda ugakundwa /gukundana***)

En peu de mots, ***umugenzi*** a une grande valeur, car vient d'un amour inconditionnel ou plutôt suppose ***kugendana*** alors que ***umukunzi***…

Umukunzi se cherche et demande beaucoup d`efforts. En effet, on doit (1) prendre le temps d'analyser celui ou celle que l'on préfère et (2) aller prononcer cette demande à celui ou à celle que tu as préféré(e).

Malgré les efforts que l'on a investis, l'autre peut refuser catégoriquement ou l'accepter avec certaines conditions, une fois que tu dépasses l'une de ces conditions, tu provoqueras directement votre séparation. Donc c'est un amour conditionnel.

En principe, l'amour est réciproque. S`il est accompagné avec certaines conditions, cela peut provoquer un grand stress. Cela amène l'amoureux à faire ce qui n'est pas nécessaire au lieu de faire ce qu'il faut.

Ce petit texte qui suit nous montre ce que c'est l'amour… Un vrai amour d'amoureux ! Mais… Très douloureux quand il y a déception.

Jean et Jeanne sont des voisins et amis qui ont grandi ensemble. Dans leur enfance, ils jouaient ensemble, allaient

puiser de l'eau et chercher du bois de chauffage ensemble. Même à l'école, ils étaient dans la même classe et s'asseyaient ensemble. Ils se sentaient bien à l`aise l'un en compagnie de l'autre et sont donc tombés amoureux l'un envers l'autre. A la fin de la 5ème année primaire, Jean a commencé à promettre à Jeanne qu'il ne la quittera jamais. Chaque jour, ils se rencontraient et aimaient s'échanger de petits cadeaux (bonbons, chocolats, gâteaux, de petites cartes avec de petits mots doux et gentils, etc.).
En 6ème année, Jeanne changea de place, s'assit avec un garçon venant de la ville, un petit citadin. Ce dernier, au lieu d'amener des bonbons ou des chocolats, lui apportait de l'argent. Cela a causé la séparation entre Jean et Jeanne.
Lorsque Jean a constaté que Jeanne ne l'aimait plus, il a pris la décision de se trouver une autre amie. Il s'est rapproché d'Aline, croyant que cela allait le faire oublier Jeanne. Son amour avec Aline n'a pas duré car elle était partie sur de mauvaises bases. Aline ne voyait que le matériel : elle pensait qu'elle aurait régulièrement les mêmes surprises que Jeanne. Mais Jean avait perdu la joie d'offrir. Aline l`a quitté aussi. Très déçu et très choqué, Jean a pris la décision de ne plus être en relation avec aucune autre fille. Il s'est bloqué !

Ce texte nous montre que Jean a aimé Jeanne au moins à 80%. Non ! Que dis-je ? Plutôt, à 89%, croyant qu'elle ne pourrait pas le décevoir car il l'avait aimé profondément. Il attendait le jour du mariage pour lui donner les 11% restants afin que ce soit un amour complet, un amour plein, à 100%. Autrement dit, lui donner un amour total, un amour « fusion des deux corps et des deux âmes » !

Après la déception, Jean n'arrivait plus à aimer intensément comme auparavant, quand il était avec Jeanne. L'inquiétude était là. L'angoisse s'installait. Tellement la déception avait été grande !

En peu de mots, tout cela montre que Jean a perdu sa confiance d'aimer. Plus tard, il dira qu'il voudrait aimer plus d'une fille à la fois pour éviter ce genre de déception. Donc, désormais, il n'aimerait qu'à moins de 50%. Dans sa nouvelle logique, c'est cela qui serait le plus confortable. Oui ! Mais, plus tard, cela se révélera être un vrai désastre.

Enfin, la 3ème sorte d'amitié, ***incuti,*** vient du mot ***gucudika.*** Normalement, ***incuti*** est celui ou celle qui s'impose par des liens de parenté (de sang ou par alliance) ; **I*ncuti*** dont il s'agit dans le présent texte, c'est celui ou celle avec qui l'on a des liens d'intérêts (positifs ou négatifs) : intérêt dans les affaires, au boulot, à l'église, au club, à l'école, dans les lieux de loisir, etc. Dans le négatif, ce genre d`amitié ; on le trouvera par exemple dans des bars. Ce dernier genre peut causer des dégâts ou des malentendus car la solidarité n'est basée que sur la bouteille de bière partagée.

I.5. Amour et mariage

« Pourquoi j`aime? »

Il faut aimer avec une vision d'atteindre un objectif.

Ne laissez pas les sentiments ou l'imitation des autres vous contrôler ; soyez vous-même. En amour, on ne copie pas car cela fait toujours tomber dans des regrets insupportables.

Bref, c'est une meilleure attitude de protéger ta personnalité et de ne pas gaspiller ton amour. Faut regarder s'il est temps de se marier et d`être en relation sincère.
Quand est-ce qu'on dit qu'il est temps de se marier?

En entamant ce sujet, on peut passer par un exemple concret d'un jeune homme qui venait de terminer ses études à 23 ans. Après avoir terminé ses études, il a trouvé un bon boulot. A vingt-cinq ans dont deux ans d'expérience professionnelle, il se dit qu'il était assez grand pour se marier. Il se maria. Son foyer n'a duré que deux semaines seulement ! Il disait qu'il s'est pressé et qu'il s'est trompé ! A son tour, sa femme disait à qui voulait l'entendre que, son mari, « il ne la méritait pas ! ».

Après leur séparation, le monsieur a bien compris que ni les études, ni la situation professionnelle, cela ne signifiait pas automatiquement être mûr et fin prêt pour fonder un foyer. On doit d'abord se préparer en avance et sérieusement avant de prendre l'engagement de se marier.

Même si l'on a terminé ses études très brillamment, cela ne veut pas dire que l'on va nécessairement avoir les mêmes performances et la même réussite dans sa vie conjugale. Le choix de sa/son préféré(e) n'est pas quelque chose à prendre à la légère. Non plus, il ne faut pas y aller à la hâte-hâte.

L'homme nait et grandit. Dans sa vie, il passe par plusieurs étapes et états. L'adolescence et le célibat se trouvent à la charnière de l'enfance et de l'âge adulte ainsi qu'entre l'état de célibataire à celui de marié.

Un seul acte fait passer un individu d'un état à l'autre : se marier (fonder son foyer).

Tout célibataire qui veut se marier doit remplir les conditions ci-après :
a. Avoir la puissance du corps
b. Avoir la puissance financière
c. Avoir la puissance intérieure (intellectuelle, spirituelle, morale)

Après avoir constaté que l'on a la volonté de se marier et que l'on est prêt physiquement ; économiquement, intellectuellement, spirituellement et moralement, l'on doit prendre le temps de réfléchir et de chercher quelqu'un(e) à qui l'on pourra confier son amour. Cela est très important.

Il y a un adage burundais qui l'exprime bien : ***Umuhushamugore ni we Muhushatunga/ Umuhushamunega ni we Muhushatunga*** (Quand on rate son mariage, on rate tout dans sa vie, richesse et bonheur).

Mon ami(e), tu dois faire une grande attention dans ton choix. Fais un bon choix en évitant le genre de personnes insupportables.

Il y a six genres de personnes que tu dois éviter si tu veux de la joie, de la paix et du bonheur dans ton foyer. Des personnes insupportabes ! Non recommandables !

Voici ces six genres de personnes insupportables :
a. Une personne qui se caractérise elle-même, tout le temps et dans toute circonstance, par *Moi ;*
b. Quelqu'un qui dit : « J'ai fait ça *pour toi* sinon je ne peux pas le faire ». Ce genre de personne qui prétend fournir beaucoup d'efforts pour toi est à fuir comme de la peste ;

c. Celui (celle) qui a un ex à qui il (elle) te compare toujours en disant que si tu étais son ex, tu pourrais le faire comme ceci ou comme cela ;
d. Une personne-girouette qui penche ou regarde où le vent souffle, quelqu'un qui suit la mode ;
e. Une personne égoïste, qui s'aime trop et qui privilégie beaucoup les siens,
f. Une personne vaniteuse, qui prétend être omnisciente et se comporte comme si elle connaissait tout.

Si tu arrives à éviter ce genre de personnes insupportables ci-haut évoquées, tu peux choisir n`importe quel autre individu car il saura devenir un(e) bon(ne) conjoint(e) même s'il a sans aucun doute d`autres défauts. Encore une fois, nos sages ont su bien le dire : ***Nta nyambo itagira agahonzi*** (Rien ni personne n'est parfait dans ce bas monde). Donc tu devras entrer dans le cheminement avec la personne que tu auras choisie pour mieux s'adapter l'une à autre, chercher de l'harmonie et le plein épanouissement.

I.6. Remarque : « Qu'est-ce qu'un bon mari ? Qu'est-ce qu'une bonne épouse ? »

Un bon mari est celui qui est « le mari d'une seule femme ». Bon chrétien et bon citoyen burundais des temps actuels, on est obligatoirement monogame.

Quand on est un bon mari et « bon père de famille », on est le patron et le chef de la famille.

Un bon mari est capable de gérer sa famille au point de vue économique, social, culturel, éducatif, moral, sécuritaire, religieux, etc.

Un mari qui n'est pas capable de bien gérer les membres et les biens de sa famille n'est plus un bon mari. Il faut qu'il sache « gérer en bon père de famille ».

Un bon mari pourrait se sacrifier pour sa famille.

Qu'est-ce qu'une bonne épouse ?

Une bonne épouse a le devoir de respecter son mari et de s'occuper de lui. Une femme volage perd tout respect et toute estime pour son mari.

Son époux est le bouclier pour elle et elle le rempart par son mari.

Elle est là pour soutenir sa famille comme elle peut. Elle fait tout pour rendre heureuse sa famille.

Elle doit être capable d'assurer la discipline et être en même temps conseillère dans sa famille.

Une femme qui n'est pas capable de s'occuper respectueusement de son mari et de leurs enfants n'est plus une bonne épouse.

La beauté physique d'une femme n'est rien sans la beauté de son âme

CHAPITRE II

VIVRE DANS UNE RELATION AMOUREUSE

II.1. Qu'est-ce qu'une relation et qu'est-ce que vivre dans l'amour vrai

Selon moi, après avoir fait une synthèse des définitions déclinées différemment, une relation est une liaison entre deux ou plusieurs personnes fondée sur la connaissance et l`existence des sentiments quelconques partagés.

Une relation amoureuse est un lien entre deux personnes des sexes differents fondée sur l'existence d`un sentiment amoureux.

Avoir une relation… Il y en a certains qui ne vont qu'entendre une relation sexuelle ! Amour et sexe !

Les uns parlent d`un grand avantage de se marier sans avoir connu le sexe ; mais, d'autres s'y opposent. Et toi ? Qu'en penses-tu ? Et moi ? Que pourrais-je dire là-dessus ?

Aujourd'hui, tout le monde a tordu la vérité. Le monde nous fait croire que pour bien vivre son mariage, il faut passer par des expériences de relations charnelles, « penser sexualité ». Certains disent même que si tu ne connais pas ces choses-là avant de te marier tu ne seras pas heureux dans ton foyer.

Cela n'est pas vrai. Autant se préserver des déboires, blessures et déceptions qui s'en suivent. Prenons conscience surtout que les violences faites aux femmes sont nombreuses et, partant, leurs conséquences fâcheuses.

L'histoire d'Aline et de sa tante Bella l'illustre bien.

II.2. L'histoire d'Aline et sa tante Bella

Aline est née dans une famille modeste, elle a eu la chance de commencer les études mais lorsqu'elle arrivait en 6ème année, elle a échoué. Dans la suite, sa tante lui demanda de la rejoindre à Bujumbura pour pouvoir continuer ses études. Elle arriva chez sa tante Bella

Tante Bella : Bienvenue ma fille
Aline : Merci ma tante (répondit-elle timidement)
Tante Bella : Et le voyage ? Pas très fatiguée ?
Aline : Le voyage, s'est bien passé ; mais, je me sens exténuée, quand même.
Tante Bella : Vient prendre une douche ; cela va te détendre un peu, te reposer.
Aline : Oui, Tantine.
Aline se leva et s'exécuta.

Sa tante lui montra tout ce qu'il fallait faire sans oublier de lui donner beaucoup de conseils. Aline séjourna là-bas. Elle y mena une vie aisée, une vie heureuse. Hélas, cela ne dura que le temps que la rosée dure (*Umwanya urume rumara*).

Six mois plus tard, le mari de sa tante commença à la draguer ; mais, elle refusa catégoriquement ses avances. L'indigne mari de sa tante la prit par force. Ce viol eu lieu quand sa tante s'était absentée une nuit qu'elle avait passée chez ses parents. Au retour, tante Bella fut surprise d'entendre son mari dire qu'Aline lui a volé une somme de sept cents mille francs burundais (700.000 FBU). Ainsi la malheureuse fut abandonnée à la rue, sans autre procès.

Un jour, un jeune homme l'aborda et lui demanda pourquoi elle était seule dans la rue pendant la nuit. Aline se mit à raconter ce qui lui est arrivé. A la fin, le jeune homme prit la main d'Aline, l'emmena chez lui. Une fois arrivé à la maison, le jeune homme offrit une bière à Aline. Après avoir partagé la boisson, Aline fut sommée à partager son intimité. Elle refusa, se débattit mais en vain. Elle subit un autre viol et fut jetée dehors au petit matin.

Cela faisait trois jours que, comme un zombie, elle errait dans les rues de Bujumbura. Au soir du troisième jour, elle rencontra Sonia, une amie d'enfance. Celle-ci lui demanda pourquoi et depuis quand elle était en ville.

Aline lui raconta tout ce qu'il lui est arrivé ; elle dit tout sur l'enfer dans lequel elle vit. Sa copine, surprise, l`invita d'aller vivre avec elle et de travailler ensemble.

Sa copine lui dévoila le secret de son travail. Elle ne lui proposait rien d'autre que de devenir fille de joie. Aline accepta l'offre de sa copine. De toutes les façons, elle n'avait plus rien à perdre. Elle se fit putain.

Pute, elle continua donc à chuter dans l'abîme et aller droit au fond de son enfer. Sa vie sombra dans la méchanceté et la dépravation.

Mes sœurs, ne nous laissons pas piégées.

II.3. Tranche de vie de Chanisse

Mes chères sœurs, le monde a poussé des crocs (*Isi yarameze amenyo*). Et ces derniers, croyez-moi, sont bien longs et bien acérés pour vous croquer. Les prédateurs rôdent. Ne soyez pas des proies faciles. Battez-vous ! Plusieurs jeunes filles subissent des mésaventures identiques à celle qu'a connue Aline chez sa tante Bella. Des histoires semblables à celles de Chanisse, ci-après racontées, sont innombrables.

Chanisse est une fille de 27 ans, elle est tombée amoureuse de Justin, un très bel homme riche. « Bon chic bon genre, BCBG », disait-on, il y a quelque temps ou « Très tendance », dirait-on aujourd'hui. Deux mois plus tard, l'homme lui a demandé de faire l'amour. La fille a refusé. Les deux jeunes gens se respectaient mutuellement et tout le monde apprécié ce couple en devenir. Mais cela ne dura pas longtemps. Justin revenait régulièrement à la charge. Un jour, Chanisse prit la décision de lui dire la vérité.

Chanisse et Justin, au lit.
Justin : Ma chérie, il est temps de me laisser te faire l'amour.
Chanisse : Non, chou ! C'est impossible.
Justin : Ma chérie ! Pourquoi ?
Chanisse : Je n'ai jamais fait ça !

Justin : Incompréhensible, incroyable ! A cet âge ? A ton âge ! Pourquoi tu n'as pas encore fait et connaître les délices de l'amour ?

Chanisse : Je me suis réservée pour mon mari

Justin : Ce n'est pas grave ; c'est juste pour s'amuser. Et ton mari est devant toi.

Chanisse : Justin, j'ai peur ; mais, je t'aime énormément et tu le sais bien.

Justin : Oui ! Je sais que tu m'aime beaucoup ! D'accord ! Alors, prouves-le moi. Abandonnes-toi à moi. Mon cœur est à toi, je suis entièrement à toi.

Chanisse : J'ai peur, j'ai peur ! Et c'est un péché.

Justin : Ne t'inquiète pas ! Je vais le faire tout doucement. Et détrompes-toi : là où il y a de l'amour, tous les chrétiens le savent et le déclarent, Dieu y trouve son tabernacle.

Apres trois semaines, Chanisse est tombée malade. Les résultats des examens médicaux ont vite montré qu'elle était enceinte.

A l'annonce des résultats positifs du test de grossesse, Justin l'a immédiatement quitté pour commencer une nouvelle relation avec une autre fille.

Mes sœurs, soyez prudentes et vigilantes. N'écoutez pas des personnes qui viennent détruire votre vie. Soyez fortes ! Ne troquez pas le restant de toute votre vie contre cinq minutes de plaisir.

Cinq minutes de partie de jambes en l'air peuvent se transformer rapidement en neuf mois de souffrances psychologiques et mêmes physiques ainsi qu'en un échec de toute votre vie.

Mes sœurs bien-aimées, n'attendez pas la chute pour demander des conseils. Restez éveillées car vous ne savez pas exactement quel jour et à quelle heure le larron s'introduit.

Soyez fortes, mes sœurs pour être capables de dire « non » là où c'est nécessaire. Protégeons-nous contre ces prédateurs. Faites de la chasteté originelle ou retrouvée et de votre virginité un rempart infranchissable.

Femme vierges ou hommes chastes sans oublier ceux qui ne le sont plus mais qui ont pris la décision de changer de comportement, soyez bénis. Paré(e)s de ces vertus et de la grâce divine, vous êtes les meilleur(e)s combattant(e)s.

Ne soyons ni proie, ni prédateur en amour. Non plus, ne soyons pas gloutons et ne soyons pas gaspilleurs d'amour.

II.4. Se marier sans curriculum vitae ou l'éloge de la virginité

« Se marier avec un curriculum vitae », c`est le fait de se marier après avoir eu des expériences en rapport avec la sexualité. Avoir ces expériences cause beaucoup de problèmes dans plusieurs foyers. Parmi ces problèmes, il y a un principal qui est l'origine de tous les autres. Ledit grand problème est : l'insatisfaction sexuelle.

Lorsqu'on se dit que, sexuellement, on n'est pas satisfait de son conjoint, cela est une question de comparaison. Plusieurs personnes vont commettre l`adultère en cherchant celles ou ceux qui pourront les satisfaire. Et le péché entre par cette porte ouverte à grand battant.

Aujourd'hui, plusieurs personnes se marient tout en ayant « un CV riche ». Il est plus facile de voir une fille de 18 ans qui a déjà connu plus de cinq hommes sexuellement. Il en va de même pour les hommes : des listes des conquêtes sont publiées.

La méthode comparative est vite appliquée. Mais les gens oublient que quand ils couchent ensemble, cela devrait être plutôt par amour que par la recherche des performances.

Ma sœur, tu diras peut-être que ton mari ne te satisfait pas, que son pénis est de petite taille et n`arrivera pas à te faire jouir... Qu'il n'est pas câlin, chaud... Ou qu'il est « trop comme ceci comme cela »... Tu le compares à d'autres hommes-étalons que tu as connus qui en avaient de grosses ou qui avaient des pratiques douteuses (s'excitant par des drogues ou par d'autres moyens et techniques dégradants).

Alors ma chère, là je te dirais que cela n'est pas la faute de ton mari. Je te dirais plutôt que le vrai problème réside en toi-même. Vois-tu, c`est toi qui veux juste qu'il puisse avoir la performance de tes ex ! C'est pour cette raison même que, sans vergogne ni remords, on arrive à tromper l'autre. On va voir ailleurs ! Et pourtant... Avec un peu d'amour, tout s'arrange.

Toi, mon frère, ta femme n'est pas nulle ! Tu veux juste qu'elle soit comme tes ex amies de jeux cochons, tu veux qu`elle te fasse la même chose que ces demoiselles de petite vertu. Cela est une réalité, le problème réside en toi ; il n'est pas directement lié à ta femme.

Une femme ayant préservé sa virginité jusqu'au bout ne peut jamais comparer son mari à un ex car elle n'a jamais connu d'homme sexuellement. Il en est de même pour un homme ayant vécu dans la chasteté. Il ne peut jamais comparer sa femme à d'autres qu'il n'a jamais connues.

Cher frère, chère sœur, partir avec un CV chargé, autrement dit, goûter au sexe avant le mariage, c'est un gros boulet que l'on traîne tout au long de sa vie en couple.

Cher frère, chère sœur, ce piège-là, on peut l'éviter.

Mon frère, ne dit pas, « Je vais goûter et après je vais m'en sortir bien bien ». Tu sais que ceux qui se vautrent dans cette impudicité, ceux qui ont pris goût à ce péché de la chair, ne s'en sortent pas facilement. Tu regretteras fort si tu es obligé de te marier avec celle que tu n'aimes pas, à cause de cette impudicité. Soit attentif mon frère, ne tombe pas dans ce piège-là que tu ne pourras pas gérer.

Ma sœur, ma chère, n'écoutes pas tes copines perverses qui t`incitent à perdre ta virginité. Ah ! Si tu savais combien de filles regrettent d'avoir perdu leur virginité. Hélas, ça se perd une fois pour toute ! Après, il ne te reste qu'à prier le bon Dieu pour que tu rencontres un(e) ami(e) sage et très aimant(e).

Ma sœur, c'est une fierté de porter la robe blanche le jour de mariage : cela symbolise vraiment ta virginité. Pas vierge ? Soyez le au moins spirituellement et pensez à la chasteté. Ne faites pas l'hypocrite. Dire qu'aucun homme ne t'a touchée... Ne ment pas !

Vierge ? Tu es une perle rare et une fierté de toute la famille chrétienne et d'autres groupes qui y croient.

Se marier sans s'être adonné aux jeux sexuels est très bénéfique. Cela évite beaucoup de comparaisons inutiles mais plutôt destructrices d'avenir.

Il y a trois catégories de personne dans la sexualité : les normaux, les hyperactifs et les hypo.

Les hyperactifs (hyper) sont des personnes qui ont, partout et tout le temps, envie de faire l'amour charnelle.

Les normaux sont celles, pour qui, il y a un temps pour cela ; celles et en l'occurrence les femmes, pour qui, il y a la « période propice ».

Les hypo-actifs (hypo), c'est ceux qui s'efforcent de le faire alors que réellement ils n'ont pas envie de le faire ; d'ailleurs l'envie ne leur vient que rarement.

Cher frère, chère sœur, que tu sois normal(e), hyper ou hypo, prie le bon Dieu pour que tu sois éloigné(e) de la tentation et que ta vertu soit bien protégée.

CHAPITRE III

AMITIE, AMOUR, MARIAGE ET VIE COMMUNE AUJOUR'HUI

III.1. Le mariage

Le mariage est un engagement dans lequel deux personnes des sexes differents prennent une décision d'être unies dans le bonheur comme dans le malheur, jusqu'à ce que la mort les sépare. Quand cela se passe dans l'amour véritable, le couple est béni.

Une belle manière de se promettre amour et engagement est de le faire devant les personnes qui nous sont chères et l'officialiser en passant devant les représentants de l'Etat (en allant signer devant l'officier de l'Etat civil) et devant Dieu (par le biais du ou des représentants de l'Eglise).

En principe, pour se marier officiellement, le passage par la mairie est obligatoire. Le mariage civil demande de respecter un certain nombre d'exigences et d'effectuer des démarches auprès du Service de l'Etat civil. Ce dernier existe au niveau de chaque entité communale ou municipale, voire au niveau zonal.

Si le mariage a pour but d'unir deux êtres vers un destin commun, cet engagement peut revêtir différentes formes. Il y a différents types de célébration et de contrat de mariage. Vouloir se marier ne signifie pas la même chose pour tous. Les conjoints doivent se concerter et comprendre la même chose.

Il en est de même, toutes les étapes devraient avoir des significations identiques pour les conjoints. En effet, aux yeux de certains, l'engagement se faisant devant Dieu relève d'une étape de plus dans leur vie de chrétiens ; pour d'autres, il s'agit plutôt d'une célébration de l'amour et du nouveau couple, sans aucun caractère religieux. Il y en a même qui le font juste pour le faste des cérémonies et pour la dimension « m'as-tu-vu » de ces dernières, une sorte d'avant-goût de la somptuosité des réceptions et dîners de mariage et autres voyages de noces qui s'en suivent.

On ne se marie pas toujours par amour ; il y a plusieurs raisons qui poussent les gens à se marier même sans amour. « Mariage de raison », c'est une expression courante. Il y en a qui se marient pour échapper à leurs différentes difficultés de la vie quotidienne ; il y en a qui se marient pour faire comme les autres notamment par comparaison avec les amis. D'autres se marient juste pour profiter du statut et/ou des avoirs du conjoint ou de sa famille, pour échapper aux conditions de vie dans lesquelles ils/elles vivent dans les familles parentales ou tutrices et, partant, échapper à leurs vies passées, etc. Enfin, il y en a qui s'engagent parce qu'« ébloui(e)s » par la beauté extérieure du (de la) conjoint(e).

Toutes les personnes changent sauf les imbéciles. Certes ! Mais, les mariages de raison, de telles unions se terminent souvent par le divorce. Une maison construite sur du sable mouvant est condamnée à s'écrouler. Quand la complétude manque, tout devient bancal.

III.2. Le mariage, c'est la complémentarité de deux personnes

On ne se complète pas quand on est pareille ; on doit être différents de l'autre pour pouvoir se compléter. C'est la différence que j'apporte dans l'union qui donne un équilibre à l'ensemble. Si tu es pareil à la personne avec qui vous êtes en couple, c'est comme si tu étais en couple avec toi-même.

La nature a bien fait les choses : la femme complète l'homme et vice versa. Est-ce que, honnêtement, peut-on avoir une relation amoureuse avec soi-même ? Sortir avec soi-même ? Faire tout avec soi-même ?

Cela n'est pas possible. En effet, le sens de la présence des hommes sur la terre est de se reproduire. Et cela n'est possible qu'avec des époux de sexes opposés. Il est à noter donc que pour se reproduire la différence de sexe s'impose. Même avec la reproduction scientifiquement assistée (là où le progrès scientifique le permet), il faut la rencontre des gamètes mâles et femelles.

Avec des partenaires similaires, le projet du grand amour qui porte des fruits vivants échoue. Mon frère, ne soit pas contre-nature. Cherche-toi une femme qui est douce, adorable, respectueuse, battante, soumise, etc. Ma sœur, cherche-toi un homme doux, respectueux, adorable, battant, responsable, fidèle, etc.

Ma sœur/mon frère, cherche-toi un(e) fiancé(e) digne. Peu importe le temps que tu prendras pour les fiançailles, peu importe le temps que tu mettras pour tes recherches pourvu que tu déniches *umufasha mwiza*, un(e) bon(e) aidant(e), un(e) bon(ne) partenaire.

Il faut savoir faire un bon choix. En fait, ce n'est pas le mariage comme tel qui rend heureux mais bien sa qualité. Par « qualité », il faut comprendre la qualité des époux, leur personnalité. La qualité n'est possible que lorsqu'on se marie avec une bonne personne qui connait l'importance et reconnaît la valeur du (de la) partenaire et qui lui voue du respect et de la considération.

Prenons par exemple ou plutôt le contre-exemple du couple que formeraient Michel et Marthe.

Michel et Marthe sont, tous les deux, des fonctionnaires de l'Etat. Le tout premier jour, ils se sont rencontrés au bar. Tous les deux sont de grands buveurs.

Un certain jour de paie, après avoir eu leur salaire, ils se sont retrouvés au bar. Ils ont longuement échangé. Jusqu'au petit matin ! Depuis ce temps-là, leur rencontre au jour de la paie est devenue comme un rituel.

Certes, ceux qui se ressemblent s'assemblent. Mais… Pourrait-on s'imaginer, en seul instant, que ce deux là pourraient former un couple harmonieux ?

En matière de mariage, la différence n'est pas requise uniquement au niveau du sexe.

Pour l'harmonie du couple que constitueraient ces deux buveurs invetérés, on ne pourrait compter que sur la capacité de l'être humain à s'adapter à toute situation qui se présente.

III.3. La meilleure façon de se trouver un(e) partenaire supportable

Chères soeurs, chers frères, vous devez vous arranger pour ne pas tomber sur une personne qui a les mêmes défauts que vous. Une relation amoureuse, répétons-le, c'est la complémentarité entre un homme et une femme avec, chacun, ses qualités et ces défauts. Mais, avec les mêmes défauts, le partenariat pour le projet « vie conjugale » de ces époux devient plus compliqué que plein de complétude.

Si l'on n'est pas vigilant pour choisir un bon partenaire, pour trouver une personne différente, le projet de vie commune est hypothéqué dès le départ. Il faut user de sagesse pour choisir un(e) partenaire qui n'a pas exactement les mêmes défauts que soi. Cela n'est pas facile mais il faut éviter que le foyer démarre avec un boulet de deux fois les mêmes défauts.

Evidemment, les époux ont souvent eu la même éducation, la même culture, les mêmes conditions de vie, on peut même développer des défauts identiques, mais, il y a quand même des calculs qu'il faut faire.

Prenons, par exemple, si vous êtes en couple et que vous avez le même défaut de vous énerver facilement, de ne pas pouvoir supporté quelqu'un qui vous met en colère. Imaginons-nous la scène (de ménage) quand l'un s'emporte et que l'autre fait de même !

Avec le matérialisme d'aujourd'hui… Imaginons-nous une autre scène où le mâle pense qu'avec l'argent il peut avoir le corps et le cœur d'une femelle qui ne viendrait que par attirance des avoirs ! Quel genre de couple aurait-on ?

Cher frère, une femme, tu peux lui donner tout (argent, voiture, maison, garde-robe garnie, etc. ; mais, si tu oublies de lui donner ton temps, ton attention et ton affection… Enfin ! Sans amour, tous les cadeaux les plus beaux et les plus chers du monde, tout cela ne signifierait rien.

Tu sors comme tu veux, tu ne t'inquiètes même pas d'elle, tu ne prends pas le temps ni de l'appeler ni de lui envoyer un petit message… Attention ! Là, les preuves d'amour manquent… Le plus important pour toi c'est que tu as de l'argent. Et de l'argent que tu gères à ta convenance, tout en pensant que ta femme est ainsi satisfaite. Tu as tout faux.

Chères sœurs, ne comptez pas sur l'argent d'un homme. Prenez soin de vous, vous-mêmes. N'attendez pas trop d'autrui ! Ce sont ces hommes qui vous chouchoutent, vous câjolent et vous donnent de l'argent et prennent soin de vous qui vous manquent de respect. Cherchez vous-mêmes votre argent, vos avoirs. Soyez indépendantes. Avec votre indépendance matérielle, vous êtes libres d'esprit et êtes très aptes à démasquer rapidement des amours-pièges. Dans ces conditions, les prédateurs ne peuvent pas vous faire de mal ; ils ne peuvent pas vous atteindre. En cas de contact avec un homme prédateur, vous saurez vite vous en éloigner et pouvoir continuer à construire ou soigner votre vie. Vous ne serez pas comme cette autre qui disait que tout allait bien comme son mari la tabassait et que, àprès le forfait, il lui achetait un pagne. ***Kazima ankubita ikofe hanyuma akankubita igitenge !*** Non ! Ce n'est pas de cette manière-là que les foyers doivent tenir. ***Si ukwo zubakwa !***

Chère sœur, avec ton indépendance économique, en tant que femme qui travaille et gagne honnêtement son propre argent et produit sa richesse ou contribuent à augmenter les avoirs de sa famille, tu pourras acheter tes habits, tes chaussures… Tu pourras te payer ton/ta coiffeur/coiffeuse, ton/ta masseur/masseuse, te payer toutes les petites gâteries que tu adores, etc. Tu pourras faire tout ce qui te plaît sans que tu sois contrainte de te rabaisser ou de tomber dans l'esclavage. Dans ce cas, tu pourras être une belle femme de corps et d'esprit.

Ma sœur, quand on est femme indépendante et instruite et partant d'esprit libre, la confiance en soi augmente ; quand on est femme indépendante et instruite et partant d'esprit libre, on n'a pas besoin de courir derrière les gens soit disant amoureux et bienfaiteurs. C'est dans ces conditions, chère sœur, qu'on arrive à s'imposer comme un véritable partenaire avec qui l'on traite d'égal à égal. Belle femme et d'esprit ouvert, tu ne chercheras plus à séduire coûte que coûte et/ou te laisser draguer facilement par n'importe qui afin qu'il puisse t'aider à échapper à ta condition.

Donc ma chère, il faut travailler et gagner son indépendance. Quand bien même tu serais bien installée dans ton foyer, il faut aider ton partenaire. Il faut se soutenir mutuellement. C'est cela qui crée l'harmonie dans la famille et renforce l'amour au sein du couple. C'est seulement de cette façon que tu mériteras ou, plutôt, que tu forceras le respect de ton conjoint. C'est avec cela que tous le deux, vous pourrez remonter jusqu'à la source du vrai amour.

III.4. Ce qui montre qu'une personne t'aime vraiment

Il est difficile de connaître celui/celle qui t'aime vraiment ; mais, les points ci-après peuvent aider à y voir clair.

- La personne qui t'aime vraiment n'a besoin ni de le cacher ni de le crier sur le toit ;
- Même si tu commets une erreur la personne qui t'aime vraiment saura t'en parler gentiment, avec respect ;
- Tu n'as pas besoin de lui demander de l'argent ou de lui faire part de tes besoins, elle le sait d'avance et fait tout pour le bonheur du couple ;
- Elle ne peut jamais te comparer aux autres partenaires car elle te respecte et elle t'aime tel(le) que tu es.

Ma chère sœur, si tu veux qu'un homme te respecte, il faut lui montrer que toi-même tu te respectes ; si tu veux qu'un homme te considères, il faut lui montrer que toi-même tu te considères.Parfois, c'est nous-mêmes qui donnons trop d'importance aux gens qui ne nous aiment pas et cela fait qu'ils acquièrent davantage de force pour nous maltraiter. Ne perdons jamais confiance en nous, ma sœur !Car nous sommes des reines donc nous attendons nos rois.

Au moment où tu cours derrière un homme qui ne se retourne pas, au moment où tu supplies cet homme de t'aimer alors qu'il ne te voit pas, il y a un autre homme surexcité qui est entrain de prier tous les dieux pour qu'il puisse croiser ton regard. Celui-ci aimerait te traiter avec plein d'égards et de respect ; il aimerait te traiter comme sa reine parce que tu as de la valeur et que, pour lui, tu n'es pas n'importe qui, tu es spéciale, unique.

Si un homme cherche deux ou plusieurs femmes, toi-même tu le sais, c'est qu'il ne mérite pas ton amour. Si ton homme passe tout son temps à te mettre en comparaison avec d'autres femmes, si tu sais qu'il passe tout ce temps à te juger, à trouver des défauts sur toi, alors coupe directement cette relation. Cela n'est pas pour toi, ne t'accroche pas

III.5. Comment peux-tu savoir qu'un homme se joue de toi

- ✓ Toujours, il évite le sujet de mariage
- ✓ Il n'aura jamais le courage d'aller voir ta famille, ni te présenter à sa famille
- ✓ Il n'aura pas de courage de mettre ta photo sur son Facebook
- ✓ Il passera son temps à te parle de sexe
- ✓ Il n'aura pas le courage de marcher avec toi dans la journée, en pleine lumière ; vous vous vêtissez l'obscurité, vous vous cachez
- ✓ Il n'aura pas le courage de décrocher pour répondre à des appels devant toi ; il est est le plus grand adepte de la cachoterie
- ✓ Il ne te parlera pas de ses projets
- ✓ Il n'aura pas le temps pour toi, il dira qu'il est toujours occupé
- ✓ Tu n'auras pas grande importance à ses yeux il fera de toi ce qu'il veut
- ✓ Si tu lui demande de te dire ce qu'il veut faire de toi dans sa vie, il te répondra qu'il ne sait pas pour le moment et que c'est le temps qui le dira.

Oh toi, frère ! Souviens-toi, le jour où tu l'as rencontrée, tu l'as arrêtée, tu as pris son numéro ; tu t'es mis à la draguer. Tu t'es montré sous ton meilleur jour : l'homme parfait, gentil, diffèrent des autres hommes. Elle ne voulait pas t'accepter ou elle voulait prendre son temps, mais tu as su insister. Tu lui as dit que tu voulais la rendre heureuse, excellente, une femme fière de toi.Tu lui as dit que tu allais la traiter comme une reine ou comme une princesse, voire comme une déesse... Et je ne sais quoi d'autres !

Frère, tu as tout promis, tu as fait toutes les promesses. Tu lui avais promis monts et merveilles. Mais, voilà, aujourd'hui tu as tout oublié, maintenant tu la maltraites. Tiens parlons de liberté... Sexuelle, par exemple ! Oh, sacrilège ! Toi, comme tu es un homme, tu es libre de sortir, tu peux aller voir ailleurs, fourrer le nez dehors, t'amouracher avec d'autres femmes dehors...

Voilà ! Tu es libre de faire ce que tu veux ! Tu es un homme ! Et elle ? En tant que femme, elle doit rester à la maison. *Umuzenzwanzu,* son « domaine » serait dans la maison et spécialement au-delà du foyer, *ikare* ou le fond de l'intérieur », « l'intimité » ou *haruguru* littéralement signifiant « en haut » mais voulant dire plutôt « le lieu de la cuisine, de préparation des repas, du sommeil, de l'arrière-cour (ou *mu kigo*) et des jardins. Ta femme fait partie des *abanyakigo*, « ceux (les gens) de l'arrière-cour ». Les femmes... Elles sont toutes « a*bikare* ou ceux (les gens) de l'intérieur » ou encore les grandes « filles », *abazezwanzu* (« ceux à qui l'on confie la maison »). A la femme le Ministère de l'Intérieur et, à l'homme, celle des relations publiques, extérieures !

La femme doit se soumettre comme il faut. Elle doit faire tout ce que tu as dit, toi, *uw'aho abaye* (le chef du foyer, de là-où-elle-vit. Et toi, son « *uwahombaye* », tu trouves cela normal et tu t'y complaîs !

Mon frère, moi je te dis carrément que tu es méchant, non aimant et que tu es dans le faux ! Quand elle te fait des reproches à quelque sujet qu'il soit, tu trouves qu'elle n'est pas une femme soumise ! Quand elle commence à parler, tu conclus hâtivement qu'elle ne te respecte pas et quand tu la confines seule à la maison et la prives de sa liberté de mouvement de jambes et de langue, tu trouves que cela est normal. Tu trouves que cela est dans la nature des choses !

Mon frère, en tant qu'homme, il faut que tu saches une chose : autant la femme est respectée, autant sa soumission est grande. L'irrespect, la violence, la force brute, ces signes de l'« anti-amour », tout cela ne valorise pas la femme et ne l'encourage pas à aimer, à se soumettre. Plutôt, cela pousse naturellement à se rebeller. Toi tu es toujours en train de crier que les femmes ne se soumettent plus... Qu'est-ce que tu fais pour que ta femme puisse te chérir, t'aimer et se soumettre à toi ?

Attention, jeunes gens, jeune filles ! Que ce soit « en moins » ou « en plus », les excès sont toujours mauvais. Quand tu montres à quelqu'un que tu l'aimes trop, cela entraînes parfois des aveuglements. Il arrive que l'aimé(e) se permette de se foutre de toi. Ce n'est pas bien de montrer à outrance à quelqu'un que tu l'aimes trop. Cela pourrait l'amener à perdre le bons sens ou à commencer à te manipuler.

Quand tu fais l'erreur de montrer à quelqu'un que tu l'aimes trop, « à outrance », ne sois pas surpris si cette personne commence à se foutre de toi, te manquer de respect et te traiter n'importe comment. Un vrai amour, ça brûle lentement, doucement mais sûrement comme une braise ; il ne brûle pas comme un feu de paille. Les Burundais savent bien le dire en une formule concise mais bien claire, précise.Aux mariés, on adresse les félicitations en leur disant : « *Murakire ngeri* ! *Murabe amakara ntimube urubeya* (Heureux mariage ! Que vous soyiez braise et non flamme) » La flamme est éphémère et la braise est le charbon ardent qui sait garder le feu longtemps.

Conseil : N'hésite pas à prendre tes distances ; essaies de te faire rare, ainsi tu seras en train d'augmenter la valeur de ta vie, de ton amour. Evidemment, il ne faut pas comprendre, par là, qu'il faut disparaître du paysage ou faire chambre à part. A la maison, ce que tu dois faire c'est de prendre une pause, s'isoler pour s'assoir dans un coin et commencer à réfléchir, à méditer.

III.6. Christa et Thierry, les mariés de la diaspora

Depuis son enfance, Christa rêvait d'aller vivre en Europe. A une année de la terminale, elle entrait alors en classe de deuxième année post-fondamentale, sa mère lui a promis de l'envoyer à l'étranger pour continuer ses études dans une université européenne. Mais elle eut une autre opportunité de s'y rendre.

En 2009, Christa a terminé ses études secondaires avec une bonne note à l'Examen d'Etat.Vers la fin du deuxième trimestre de la dernière année, elle a trouvé un ami sur facebook qui l'a impressionnée. Il s'appelait Thierry

Les deux jeunes, Thierry et Christa ont passé trois mois de grande amitié et filant un parfait amour virtuel. Le deuxième jour du quatrième mois, le jeune homme, Thierry, a demandé en mariage Christa, la jeune fille fiancée en ligne.

Comme Christa ne vivait que par son rêve de se marier à l'étranger, son prétendant a joué sur cette corde sensible. Il lui a miroité que, aussitôt la dot versée, il viendra la chercher pour partir ensemble en France. Christa a accepté sans moindre hésitation. Après avoir payé la dot, il est venu comme promis et est reparti avec elle. Une fois qu'ils soient arrivés en Europe, il lui a donné tout ce qu'il possédait ; il la traita comme une reine. Mais elle restait à la maison en faisant les travaux de ménage jusqu'au soir. A la sortie du boulot, Thierry rentrait directement à la maison pour aider sa femme.

Un jour, Christa a vécu une situation contrariante. Cela faisait de longs mois qu'elle broyait du noir… Tellement elle était en colère du fait que ses attentes sur la vie en Europe étaient plutôt totalement décues.

Ce jour là, son Thierry est arrivé dans leur appartement, chargé de cadeaux. Leur fils de 3 ans et demi était endormi. Christa et Thierry pouvaient s'asseoir au salon, se mettre à l'aise et causer.
- « Bonsoir ma reine ! » Dit Thierry en embrassant sa femme.
- « Ta reine ! Une reine que tu traites comme une femme de ménage ! *Yaya* et groom en même temps ! Est-ce bien cela la vie en Europe ? » Répondit Christa en réciproquant aux civilités de Thiery, son mari. Pour elle, ces civilités de son époux étaient déplacées.
- Non, ma reine ! Je t'aime, tu le sais.
- Ok ! Que valent les « Je t'aime, je t'aime » pour les domestiques ?
- Non ! Ma chérie ! Ne dis pas cela ! Tu sais, ma chérie… Ici, en Occident, avoir des domestiques à son service… Il n'y a que les grandes familles très puissantes qui peuvent s'offrir ce luxe. Pour l'instant, contente-toi de mes services que je ne peux t'offrir qu'après le boulot.

Et Thierry enchaîna… « A propos, ma chérie… Aujourd'hui, c'est notre anniversaire de mariage. Tu ne l'as pas oublié, j'espère ! Il faut qu'on bouge un peu. Si tu acceptes ma proposition, partons tout de suite. Nous allons nous rendre dans notre restaurant préféré. Evidemment si tu ne veux pas sortir, restons ici, pour un dîner aux chandelles. Cela aussi, j'adore. Et je vais m'occuper de tout. Dis-moi ma princesse… Tes désirs sont, pour moi, des ordres !
- Je veux le divorce !
- Quoi ? Quelle mouche te pique, ma chérie ? Ne prends pas tes désirs nauséabonds pour des réalités. Cela est « impossible ».
- « C'est possible ! » Chuchota Christa en tournant la tête.

Thierry leva sur elle des yeux doux mais pleins d'interrogations et dit en suppliant… « Non ! Tu ne vas pas me faire ça, n'est ce pas ? Ne me fais pas ça… S'il te plaît ! Que t'ai-je fait de mal, mon ange ? Qu'est-ce qui te répugnerait chez moi pour nous faire arriver à cette extrêmité ? » Pour toutes réponse, Christa se leva brusquement et se dirigea dans la chambre à coucher et s'enferma à double tour.

Le lendemain matin, au reveil, Thierry demanda à sa femme si elle était sérieuse en ce qui concerne la requête qu'elle avait formulée la veille. Il voulait surtout savoir quelles étaient les raisons qui la poussaient à penser au divorce et qu'est-ce qui aurait changé dans leur vie de couple. Elle ne lui répondit même pas.

Thierry se rendit au boulot la mort dans l'âme. Comme toujours, Christa resta à la maison à s'occuper des travaux ménagers et d'autres occupations de toute bonne *muzezwanzu*.

Aussi bien pour Christa que pour Thierry, la journée fut plus longue que d'habitude. Thierry attendit, avec une très grande impatience, la fin de sa journée à l'office. Aussitôt les bureaux fermés, il se rendit directement à la maison. Vers 19h, il était déjà là.
- Bonsoir ma chérie ! Comment as-tu passé ta journée ?
- Bonsoir, patron ! Répondit Christa avec ironie et provocation.

Thierry comprit que la question soulevée la veille était finalement sérieuse et trottait toujours dans la tête de sa femme Christa. Celle-ci revenait à la charge. Thierry prit la décision d'esquiver pour un moment.

Il se dirigea rapidement dans la chambre. Après avoir enlevé l'uniforme de travail, il alla dans la cuisine pour préparer le repas du soir. L'atmosphère était pesante.

Christa n'avait aucune envie de lui parler. D'ailleurs, elle se lèva doucement et alla s'isoler dans la chambre à coucher.

Christa voulait à tout prix son divorce. Ses mauvais conseilleurs lui avaient appris toutes les astuces.

Elle s'est taillée au poignet et est allée au commissariat raconter aux policiers des mensonges pour incriminer son mari. Le chef de poste lui a demandé si elle voulait regagner immédiatement le Centre de Refuge pour Femmes Battues (CRFB) ou alors rester au domicile, au cas où son mari accepterait de déménager. Elle choisit la seconde option, de loin avantageuse que la première. Ainsi, par exemple, elle n'aurait pas à se fatiguer et à trimbaler bébé dans les tracasseries de déménagement ; elle n'aura pas non plus à se casser la tête à chercher un logement après le passage au centre. Quant à la ration, la justice oblige le mari chassé à asssurer le minimum pour la subsistance de sa famille délaissée.

Ainsi dit, ainsi fut fait ! La police débarqua immédiatement chez Thierry et Christa. Deux agents sont restés en faction devant la porte. Quand Thierry est arrivé à la maison, il fut désagréablement surpris de voir les deux agents de police lui barrer la route. Il ne put accéder à l'intérieur de sa propre maison. Les deux policiers en faction lui signifièrent qu'il était expulsé de son domicile pour cause de grandes violences commises à l'encontre de sa femme. Il n'en revenait pas ! Il n'avait jamais touché à un seul cheveu de sa chère bien-aimée Christa.

La maison de laquelle il est expulsé, il l'avait achetée très longtemps avant même qu'il ne pense à se marier. Peut importe ! Dans ce cas-là de violences conjugales, la loi veut que le mari fautif comparaîsse, dès le lendemain matin d'une telle expulsion, devant le juge-président du Tribunal des Familles pour que lecture de la panoplie complète des sactions à encourir lui soit faite. Il a à accepter l'expulsion avec paiement du logement et de la ration de sa famille ou alors l'emprisonnement d'au moins cinq ans.

Deux semaines plus tard, Christa se félicitait en disant à qui voulait l'entendre qu'elle a réussi son combat. Elle disait : « Thierry m'a quitté et je reste avec mon fils, ma rente et mon amant ». Néanmoins elle continuait en ajoutant : « Un seul bémol à ma victoire éclatante : quand ma mère a appris que je m'étais séparée de mon mari et de quelle manière, son cœur s'est arrêté net ».

Et elle ne s'empêchait à terminer par des regrets, un constat et une leçon de morale.
« Cette mauvaise nouvelle m'a ouvert les yeux. J'ai abandonné mon mari et, à cause de cela, j'ai perdu la seule personne qui m'était très chère dans ma vie. Je regrette fortement. »

« Vous savez, quoi ? Ce qui s'est passée après avoir survécu dans cette situation… » Continuait Christa à voix basse comme dans un monologue, « J'ai compris ce qui est essentiel dans la vie et ce qui ne l'est pas vraiment. J'ai donc pris la décision de chercher mon mari pour lui demander pardon. Je suis allée le voir et lui ai dévoilé mon secret de lui voler toute sa richesse, le déposséder de tout. Après la demande de pardon, je me suis sentie bien apaisée et quand Thierry vient voir son fils, je ne me sens plus toute honteuse.

Cette histoire, nous montre comment nous pouvons râter notre vie et perdre des êtres qui nous sont chers à cause de l'amour de l'argent, à cause de notre attachement aux choses matérielles et à cause du manque de discernement.

Cette histoire nous invite à réfléchir sur l'émancipation des femmes.

L'émancipation et la liberté de la femme, en soi, ne sont pas mauvaises. Le problème est que les femmes africaines et, en l'occurrence, les femmes burundaises ont tendance à mal interprêter cette liberté. Le poids culturel est un gros boulet que l'on traîne toujours.

A cause de ce poids de la culture, il est très difficile d'avoir une épouse qui respecte son mari comme il faut. Le mélange des orientations de la mentalité traditionnelle prônant la soumission avec les orientations de la modernité mettant en avant l'émancipation et la liberté de de la femme ne peut créer que des malentendus chez des esprits de faible personnalité. Tout dépend de la capacité psychologique et du soutien de la famille. Loin de cette dernière, le rocher sur lequel s'accrocher peut douloureusement manquer.

Au Burundi, voire dans plusieurs pays africains, le rocher-famille reste le grand espoir mais il ne fait que prolonger la contrainte contre vents et marées. On entend souvent la maman dire à sa fille en difficulté : « Courage ma fille ! Ainsi va la vie au foyer ».

En cas de manque d'amour, cela devient problématique et la femme est à la merci de son mari. ***Niko zubakwa !*** Se taire ! Serrer les dents !

Dans les pays plus développés, c'est la loi qui est le rempart du sexe faible. La femme, même lorsqu'elle est fautive, devant la cour, c'est toujours l'homme qui à tort. La plupart des fois, c'est la mère qui a la garde des enfants. Et, bien entendu, le père leur doit le logis et la pension alimentaire.

Ces dispositions de la loi font qu'il y ait deux raisons principales qui poussent les femmes à mettre leurs hommes dehors. Les unes le font pour de l'argent ; d'autres le font parce que les hommes ne font rien dans leurs ménages.

Les femmes qui malmènent leurs maris pour de l'argent, ce sont celles qui veulent devenir financièrement indépendantes sans fournir aucun effort. Ce sont des profiteuses, des arnaqueuses.

D'autres le font suite au fait que leurs hommes n'aident pas dans les tâches ménagères. En général, ces hommes n'ont pas de travail. Ils passent toute la journée à la maison, à boire et à regarder la télévision. Ils ne nettoient même pas l'assiette qu'ils utilisent. Ni l'évier, ni la table à langer ou celle à repasser, ni l'aspirateur, aucun de ses outils ne leur est familier. La femme peut passer toute la journée au travail, aller chercher les enfants à la sortie de l'école ; une fois arrivée à la maison, elle doit préparer le repas, laver les enfants, les mettre au lit, etc.

Après une journée très chargée, au moment de se reposer afin de recharger la batterie pour le lendemain, le mari arrive et exige qu'ils fassent l'amour. Ce bougre de mari, c'est la seule activité qui l'intéresse ! Il oublie que sa femme est fatiguée et qu'il faut qu'elle se repose, car demain c'est une autre journée. C'est normal que, souvent, la femme n'ait pas envie !

Là, cela se comprend que la femme mette son mari dehors : il n'a aucune utilité, c'est juste un parasite.

Chères sœurs, vous qui se mariez à l'étranger, souvenez-vous de ce que notre culture a de bon, quand bien même si vous êtes à l'étranger. Pensez sans cesse au proverbe kirundi qui dit : *« Uwukize isemu yibagira icayimuteye »* (Quand on a plus le hoquet, on en oublie même la cause).

Vos parents, vos frères, vos sœurs, vos amis et vos voisins ont été très contents le jour de mariage ; mais, aujourd'hui, ils regrettent beaucoup et disent qu'ils auraient préféré que ce jour n'ait pu exister. Pourquoi ? Tout simplement, ils ont honte de vos agissements, de vos comportements bizarres à l'étranger. Au lieu de vous serrez les coudes, de vous montrez bien unis dans votre amour, votre foyer et dans votre destin commun comme une femme burundaise modèle, vous vous laissez influencer. Il faut éviter de faire de bêtes comparaisons : chacun ou chacune a son destin. Il faut que vous sachiez que chaque foyer doit être unique. Là, tu n'as pas besoin de te comparer aux autres. Tu dois avoir confiance en tes capacités. Comprends que tu es celle qui donne la vie, qui éduque, qui bâtit, qui encourage et qui est remplie de pardon et de générosité. Eloignez-vous du vice du matérialisme et de la malhonnetêté.

Chers frères qui évoluez à l'étranger, quant à vous, ne vous comportez pas comme des hommes extraordinaires ou des bons à rien. Vous devez assumer vos responsabilités dans vos foyers. Ne considérez pas vos femmes comme des croix que vous portez sur vos épaules. Non plus, ne les considérez pas comme vos boniches ou vos femmes de ménages et cuisinières. Il faut échanger avec elles ; il faut les câliner. Il ne faut pas les laisser se tuer à la tâche. Le monde a évolué. Assi bien au Burundi qu'ailleurs, il n'y a plus des tâches exclusivement féminines et d'autres spécialement masculines. Et… Attention ! La vieille expression francaise, « Les femmes à la cuisine et les hommes au fromage » est dépassée.

Et surtout… N'oubliez pas que vous êtes dans un environnement différent de votre Burundi natal. Sachez bien vous adaptez et cherchez toujours à assurer l'harmonie et le bonheur au sein de votre foyer. C'est grâce à l'amour que cela est possible.

CHAPITRE IV

AMITIE, MARIAGE, SEPARATION ET DIVORCE : SUITE DES HISTOIRES DE COUPLES

Le divorce est une séparation entre deux êtres qui, auparavant, avaient pris la décision de s'engager dans une relation d'être unis dans le mariage.

Selon la loi chrétienne, le divorce n`existe pas car, pour les chrétiens, si les deux personnes prennent un engagement de se marier, ils s`engagent pour la vie éternellement et savent que rien ne les séparera sauf la mort. Mais cela est ce qui est prescrit, l'idéal : la réalité est toute autre.

IV.1. Histoire de Nicole, Nicolas et Ricky

Nicole et Nicolas se sont rencontrés à l'école fondamentale. En 7ème année, ils se sont retrouvés dans la même classe et le titulaire les a fait asseoir ensemble. Petit à petit, ils se sont senti bien à l'aise jusqu'à ce qu'ils tombent amoureux l'un de l'autre. En 9ème année, près de trois ans écoulés, ils se le dirent ouvertement à l'occasion de l'échange de leurs salutations habituelles.

Un jour, en arrivant à l'école le matin...

- *Amahoro* (Paix) ! Bonjour, ma belle. Dit Nicolas en tendant la main à Nicole.
- Bonjour Nicolas. Comment vas-tu ? Répartit Nicole
- En forme, je crois ! Et toi ! Ça va ? Répondit, Nicolas.
- Couci-couça ! Comme d'habitude ! Dit Nicole.
- J'ai une surprise pour toi, ma belle ! Dit Nicolas en fouilla dans son sac.
- Vraiment ! C'est quoi ? Montre- moi. Je veux le voir. Nicolas…Donne, alors !

Nicolas, après avoir fouillé dans son sac, il sortit une belle montre-bracelet et la tendit à Nicole, qui resta éberluée

- Non! Quelle jolie montre ! Quel genre bijou ! C'est vraiment pour moi ? Murmura Nicole
- « Oui ! Elle est à toi, ma chère ! Met la sur ton poignet, elle t'appartient »

Et en chuchotant, il ajouta :
« Il n'y a pas que cela qui t'appartient ! Il y a également mon cœur qui est tien depuis longtemps. Nicole, je t'aime ! »

Nicole s'approcha de lui, tout en le regardant avec des yeux doux, elle lui dit simplement « Moi aussi je t'aime ». Puis elle l'embrassa. Elle lui fit un bisou sur la joue gauche puis sur la droite.

Dans la suite, elle l'enserra fort dans ses bras en lui susurrant à l'oreille : Merci pour tout ! Je t'aime infiniment, Nico ! Rien ne nous séparera… Même la mort ne le pourra pas ! ». Nicolas répondit : « Je le sais, ma belle! Oui ! Moi aussi, je t'aime à l'infini ! Je te jure et je me le jure : je te chérirai, t'aimerai même dans l'au-delà. ». Ils se déserrèrent puis se resserrèrent, s'embrassèrent encore et encore.

Ils restèrent ensemble jusqu'à la fin du quatrième cycle de l'Ecole Fondamentale. Après avoir terminé les études fondamentales, à l'issue du Concours de 9ème année, ils ont été orientés séparément.

Leurs nouvelles écoles étaient deux lycées à régime d'internat éloignés l'un de l'autre d'une centaine de kilomètres. A la fin des vacances, ils prirent deux chemins différents pour rentrer à l'internat. Pour la première fois, ils devaient rester trois mois durant sans se voir.

D'habitude, on dit : « Loin des yeux ne fut pas loin du cœur ». Mais en arrivant à leurs nouveaux établissements respectifs ; « loin des yeux fut loin du cœur », pour Nicole. Deux mois plus tard, elle était tombée amoureuse d'un autre jeune homme.

Le remplaçant de Nicolas ou le successeur de ce dernier à la tête du « Royaume-Nicole » est le roi Ricky-l'Aventurier. Ce dernier était un jeune homme qui attirait tout le monde. Il aimait la musique et l'alcool. Coureur de jupons invétéré et grand charmeur, les filles allaient vers lui comme des mouches et une fois qu'elles étaient arrivées au but, comme des mouches elles tombaient.

Nicole fournit beaucoup d'efforts pour se frayer le chemin et l'atteindre, le Ricky. Elle y arriva. Mais le but était en même temps le piège. Nicole fut une victime de plus de l'Empereur Ricky-le-Saccageur -des-Royaumes- Conquis. Nicole s'accrocha tant bien que mal mais ils ne purent rester ensemble que le temps que la rosée dure (*umwanya urume rumara*). Au bout de quelques mois, ils étaient déjà des ex ne se souvenant peut-être même pas du premier jour de leur rencontre.

Deux mois venaient de s'écouler après la rentrée. Le premier trimestre de leur 1ère année de l'Ecole Post-Fondamentale était aux deux tiers de sa durée. On entrait déjà dans le mois des révisions et des examens. Jusque-là, Nicole et Ricky ne s'étaient regardés que comme deux chiens de faïence. Non ! N'exagérons rien. Ils ne s'étaient adressé que quelques œillades furtives.

Septembre-octobre et octobre-novembre, fut la période de bouillonnement intérieur. Tout explosa un certain matin de la mi-novembre.
Ricky : Bonjour mademoiselle
Nicole : Bonjour, Ricky !
Ricky : A bon, Tu me connais de nom ?
En effet, ils étaient au même établissement mais dans des classes parallèles et dans des sections différentes. Ricky était en Economique et Nicole, en Langues.

Nicole (d'une voix très douce et avec une extrême gentillesse) : Bien sûr que je te connais ! Quelle fille normale de cet établissement qui ne te connaîtrait pas ?
Ricky (en faisant semblant de trouver cela étonnant) : « Depuis quand ? »
Nicole (ravie que l'échange se prolonge) : « Depuis toujours ! »
Ricky (fier de sa proie) : Et toi ? Jolie fleur ! Tu t'appelles comment ?
Nicole (hors d'elle) *:* Moi ? Mon nom ? Je m'appelle Nicole,
Ricky : Enchanté, chère Nicole ! Je sens que nous nous entendrons merveilleusement.

Leur amitié commençait ce jour-là. Ils se voyaient avant les cours, pendant la récréation et après les cours. En sortie, ils y allaient ensemble.

Ricky promit, à Nicole, la terre et le ciel réunis. Il lui donnait beaucoup de petits cadeaux et de l'argent de temps à temps. Celle-ci crut avoir trouvé l'amour de sa vie mais l'objectif premier de Ricky était de débaucher Nicole et la placarder sur le tableau de ses nombreux trophées. Nicole se laissa manipuler et finit par oublier complètement son pauvre Nicolas.

Avant même la fin de l'année, les choses se gâtèrent. Nos deux tourtereaux, surpris au dortoir pendant que leurs camarades étaient en classe, eurent comme sanction un renvoi de deux semaines. Mais quand les autres élèves clamèrent leur ras-le bol et dirent tout haut que Ricky et Nicole se comportaient comme mari et femme et d'ailleurs Nicole serait enceinte, la sanction s'alourdit : le renvoi fut définitif. Nicole et Ricky furent priés de rassembler leurs affaires, de plier bagage et de rentrer immédiatement chez eux.

Quand ils quittaient l'établissement, leurs adieux constituèrent une scène surréaliste.

Ricky : Adieu, Nicole ! Tu m'as volé mon cœur. Espèce de brigand ! Moi, je ne t'ai jamais aimée.

Nicole : Tu veux me dire quoi ! Que veux-tu dire par là ? Je ne comprends rien. Explique-moi, s'il te plaît ! Sois un peu plus clair que cela. Nooon ! Moi, je t'ai aimé de tout mon cœur. Ce que tu dis est incompréhensible.

Ricky : Ok ! Tu ne comprends pas ou bien tu ne veux pas comprendre ? Ainsi donc tu penses que je t'aime ! Non, mademoiselle ! Nous nous sommes bien amusés et maintenant c'est la fin. Oublie-moi. Tu as eu ce tout que tu voulais... J'ai eu mon compte...C'est dommage que cela se termine ainsi.

Nicole : Je ne comprends rien, chéri !

Ricky (la regarda avec un sourire ironique) *:* En peu de mots, je veux te dire... Au revoir pour de bon ! Adieu mon ex ! Promets-moi que tu ne reviendras plus dans ma vie, que tu ne hanteras plus mon esprit.

Nicole (en s'approchant de Ricky, en pleurant à chaudes larmes et en allant le prendre par les bras pour l'inviter à s'embrasser) : Qu'est-ce qui ce passe ? Mon chéri ! Dis-moi, je t'en supplie ! Mon chou ! Souviens-toi des bons moments que nous avons passés ensemble.

Ricky : Lâche-moi tout de suite! Dévergondée !

Avec beaucoup de colère, Ricky prit sa valise, tourna les talons et partit en laissant Nicole plantée là, tout en pleurs. De toutes ses forces, elle cria : « Ricky à qui tu me laisses ? Ecoute ! Notre enfant ne pourra pas vivre sans toi ! Ricky ! Même si tu ne m'aimes plus, pense à ton enfant, notre enfant... Le fruit de notre amour ! »

Tout en continuant droit devant lui, Ricky tourna la tête ; par-dessous son épaule, il maugréa en disant : « Mon enfant ? Quel enfant ? ». Puis il éclata de rire et ajouta : « Pardon, je ne suis pas prêt d'être papa. Que tu sois enceinte ou pas, cela te regarde. Cela n'est pas mon affaire ».

« Chéri, chéri... ! » Implorait Nicole dans des sanglots longs entrecoupés de hoquets.

Ricky : Ton chéri ! T'ai-je jamais appelée ''Ma chérie'', moi ? Va au diable !

Nicole : Oui, mon chéri ! Peu importe que tu m'aie appelée ''ta chérie'' ou pas ! Nous nous sommes aimés et que, aujourd'hui, nous en sommes même victimes ! Surtout… Et surtout, le plus important, je porte ton enfant.

Ricky : Je ne suis ni ton chéri ni le père de ton enfant ! En plus, regarde-moi : jeune, beau et bon dragueur… j'ai encore du temps pour vivre et me faire plaisir, juste comme nous l'avons fait avant que tu ne perdes ta fraîcheur. Oublie-moi, connasse, j'ai d'autres chats à fouetter. Ce ne sont pas de belles et jolies fleurs à butiner qui manquent.

Nicole : Tu sais bien que je porte ton enfant.

Ricky : Eeeeh ! Ecoute-moi, pétasse ! Je te le répète, ton enfant, cela n'est pas mon affaire. Au lieu de pleurnicher, fais comme les autres filles intelligentes : avorte ou suicide-toi. Le père de ton enfant ! Suis-je le premier à avoir couché avec toi ? Quelle imbécile ! Quelle idiote !

Nicole : Soyez maudit !

Seule, Nicole resta, en pleurant, au milieu de la cour intérieure de l'école au sein de laquelle elle venait de se faire exclure pour indiscipline et mauvais comportement.

Pendant un bon moment, elle crut elle-même qu'elle avait perdu ses esprits. C'est sous les huées de ses camarades sortis des classes pour leur récréation, qu'elle a semblé se réveiller.

Elle entreprit son chemin vers la gare routière en se souvenant de la saine relation avec Nicolas et les derniers conseils qu'il lui avait donnés, le jour de la rentrée scolaire, avant de se séparer.

Nicolas lui avait dit beaucoup de choses pleines de sagesse. « Ma très chère Nicole, tu sais bien que je t'aime éperdument. Maintenant chacun part de son côté pour aller à l'internat. Tu vois… La vie est difficile ! Ma belle, peu importe que nous soyions séparés, j'aimerais que nous restions fidèle l'un pour l'autre. Dans tous les cas, en ce qui me concerne, cette séparation des corps n'affectera jamais nos cœurs qui battent à l'unisson. Mais, ma chère, ne pense pas que les choses seront aussi simples que quand nous restions l'un à côté de l'autre. Physiquement éloignés, les tentations se multiplieront et nous feront chanceler. Je te demande de rester forte et de garder à l'esprit que la vie est comme un livre dans lequel chaque page à son auteur. Donc tu devras, en principe, avoir des amis et des ennemis. »

Cela n'était pas tout. Il ajouta : « Dans la vie, c'est toujours comme cela. Le jour et la nuit sont tous les deux sont nécessaires dans toute vie. Le bien et le mal coexistent. Tes amis et tes ennemis, les uns sont sur ton chemin pour t'encourager, te soutenir et les autres, pour te critiquer, te décevoir, te détruire. Ils sont tous indispensable pour ton développement. Sois prudente, ''Mon unique''. Quoi qu'il arrive, je te le promets… Tu resteras dans mon cœur, à jamais ».

A tout ce discours de Nicolas, la réponse de Nicole avait été laconique. Elle a réparti tout simplement en disant : « Moi aussi je te le promets, mon cher ami ! ».

Ah, si l'on pouvait remonter le temps ! Ce qui devait arriver arriva. Nicole n'a pas pu tenir sa promesse faite à Nicolas.

La sanction ou plutôt, la double ou encore la triple sanction est tombée.

Tout acte posé entraîne des conséquences heureuses ou malheureuses. C'est cela la vie ! Il faut assumer ; il faut endosser les responsabilités.

En amour, les responsabilités sont partagées par les deux amoureux. Mais cela n'est vrai qu'en cas d'amour normal et vrai : un amour d'un homme et d'une femme adultes consentants et s'étant juré fidélité pour la vie.
L'on peut jouer aux adultes ; cependant, pour aller jusqu'au bout, il faut attendre le moment opportun. Le jour J n'est autre que le jour du mariage béni.

Nicole n'a pas pu attendre et les conséquences ont été dévastatrices. Chassée de l'école, elle devait affronter ses parents. Comment va-t-elle pouvoir annoncer la triste double nouvelle à ses parents ? Comment vont-ils réagir ?

Quelle mauvaise surprise pour ces derniers de la voir à la maison avant les vacances scolaires alors qu'elle savait qu'elle est à l'école ! Et quelle déception quand ils apprirent qu'elle est enceinte !

Dès que Nicole arriva à la maison, avant même les salutations d'usage, sa mère lui demanda pourquoi elle était là avant la période des vacances. Morte de honte, Nicole ne répondit pas. Elle s'empressa de pénétrer à l'intérieur de la maison et de filer jusque dans sa chambre.

Sa mère, inquiète, restait dehors en pensant à ce qui est arrivé à sa fille. Dans son for intérieur, elle se dit : « Et si mon enfant avait besoin d'une aide d'urgence ? » En y réfléchissant, elle conclut que, dans l'immédiat, elle devait rejoindre Nicole dans sa chambre et continuer l'interrogatoire. « C'est la seule manière d'y voir clair et arriver à poser le bon diagnostic pour sauver ma Nicole », se dit-elle.

Elle s'introduisit dans la chambre de sa fille. Elle trouva Nicole tout en pleurs et marmonnant : « Nicolas pardonne moi ; je t'ai déçu et je regrette fort. Si je savais ! Si j'avais su ! Nicolas, tu étais le meilleur partout... Mais je l`ai oublié. Je me suis fiée à des adeptes des plaisirs faciles et éphémères. Et voilà, dans quel pétrin je me suis mise ! ».

Maman (de)Nicole : Dis-moi, ma fille ! Pourquoi pleures-tu? Pourquoi cette visite impromptue, ces vacances individuelles et précoces ? Et pourquoi tout ce chagrin ?

Nicole : Maman !

Maman Nicole : Je vais te le demander encore et encore ; je vais y mettre toute mon insistance. L'interrogatoire ne va pas s'arrêter de si tôt tant que tu ne veux pas révéler ce qui te chagrine tant.

Et... tout en la prenant dans ces bras, elle ajouta :

« Mon petit ange, mon bébé ! *Uwuza gukira indwara arayirata* (Un mal dont on veut se débarrasser, on en parle). Mon enfant ! Comment voudrais-tu que je vienne à ton secours quand j'ignore tout de ce qui t'est arrivé ? Pour l'amour de Dieu... Parle ! »

Nicole (éclatant en sanglots) : Maman, je suis nulle, mauvaise. Je ne mérite que la mort !

Maman Nicole : Chuuut ! Ne dis pas ça, ma fille.

Nicole (tout en pliant ses jambes pour se mettre à genou) : Maman ! Je suis enceinte et on m'a renvoyée de l'école.

Maman Nicole (en prenant Nicole par ses mains et tirant pour la remettre debout) : Lève-toi ! Je suis près de toi ma fille. Ne t'inquiète pas. Ce moment, très difficile, je t'aiderai à le traverser. Maintenant, tu es à la maison, entre les mains de papa et maman. Enfin ! Je ne sais pas quelle va être la réaction de ton père ; mais, maman est avec toi ma chérie. Certes, ce que tu as fait n'est pas bien. Hélas, tu n'es ni la première ni la dernière des filles à qui cela arrive.

Nicole : Merci beaucoup mon unique maman.

Grâce aux petits soins et conseils que sa mère lui prodiguait, sa fin du monde à elle que, à un certain moment, elle appelait de toutes ses forces n'eut pas lieu. Grâce à cet amour maternel infaillible que lui voua sa mère, la vie continua.

A la fin du neuvième mois de sa grossesse, Nicole accoucha. Mais, elle mit au monde un enfant avec un gros handicap respiratoire. Le bébé n'a pas survécu. Il est mort à deux jours de naissance.

Mais, avant cet épisode, les grandes vacances des scolaires étaient arrivées. Nicolas, l'ex petit ami de Nicole, est venu lui rendre visite. Dès qu'elle l'aperçut à la grande entrée du *rugo* (kraal), elle se mit à lui crier dessus : « Nicolas ! Pourquoi tu viens ici ? Tu veux quoi ? Qu'est-ce que tu cherches ? Que veux-tu encore de moi ? Pendant les vacances de Noël et celles de Pâques, je m'étais tuée à te dire que j'étais avec un autre garçon bien plus chic et plus éveillé que toi. Je t'avais même dit son nom : Rick. Et alors, quoi ? N'ai-je pas été suffisamment claire pour t'éconduire, te pousser loin de moi ? D'accord ! Maintenant tu as appris les malheurs qui me sont tombés dessus et tu viens te moquer. Tu viens voir, de tes propres yeux, mon gros ventre et mes jambes enflées. Va-t'en, Nicolas ! Va-t'en. Ta présence m'est insupportable »

Nicolas : Tu me manques tellement ma chère !

Nicole: Hm ! Je compte jusqu'à trois et tu retournes chez toi. Tu m'as assez vue, non ? Que veux-tu voir d'autre ? Que j'ouvre mon corset et que tu constates combien ma poitrine est abîmée ? Ou que je m'ouvre la poitrine même et que tu vois combien mon cœur est meurtri !

Nicolas : Vraiment ! Chère Nicole, écoute-moi bien ! Je m'en fous de ce qui a pu t'arriver. Tout ce que je sais… Je sais que quelle que soit la nature des mésaventures qui te sont arrivées, mon cœur t'appartient ; il est tien à jamais. Et je t'avais dit que je te serais fidèle pour toujours.

Nicole (avec un regard très renfrogné, un air méchant) : Bien sûr que oui ! C'est ça ! Moque-toi ! Ai-je été fidèle ? Puis-je souffrir que tu me nargues ainsi en me parlant de fidélité avec un si gros témoin d'infidélité qui se présente devant moi ? Nicolas, pars, je t'en prie.

Maman Nicole : Eeeeh ! Nicole ! Répète-moi ça ! Si j'ai bien entendu, cet enfant que tu portes… Ce bébé n'appartient pas à Nicolas ?

Nicole (avec un tremblement dans sa voix) : Oui, maman ! Ce bébé que je porte et qui me fait porter tous les malheurs du monde n'est pas de Nicolas. Il appartient à un autre garçon que j'ai connu dans ma nouvelle école.

Maman Nicole : Quoi ? Pourquoi tu ne m'as rien dit ! Et Nicolas, qu'est- ce qu'il devient dans tout cela ?

Nicole : Toi aussi, maman ! Quand avez-vous réceptionné la dot que Nicolas aurait versé pour moi ?

Maman Nicole : Arrêtes, Nicole ! Tais-toi ! Je ne savais pas que ma fille était si volage, si dévergondée ! Oh, le comportement des jeunes d'aujourd'hui, en matière de sexualité ! Pire que les chèvres en chaleur avec en été ! Et l'on se demande même à quoi leur servent toutes les leçons sur la contraception et la protection contre les Maladies Sexuellement Trasmissibles (MST), la planification familiale, la limitation des naissances et tout consort. Ne parlons pas de la morale, la coutume, la religion et autres enseignements qui parlent de virginité, de chasteté et d'abstinence !

Nicolas : Maman n'allez pas trop loin : Nicole est mon unique. Je l'aime encore et l'aimerai toujours. Quoi qu'il arrive !

Nicole (s'adressant à Nicolas) : Ecoute, Nicolas. Cet enfant n'est pas de toi. Tu sais bien que nous n'avons jamais couché ensemble. L'enfant est de Ricky. Je te l'ai dit depuis longtemps. Si tu n'as pas été entreprenant, il y en a qui savent exceller en la matière. Maintenant alors, laisse-moi tranquille, fiche-moi la paix ou plutôt laisse-moi me débattre seule dans mon pétrin. De plus, en vérité, je ne t'ai jamais aimé. De bons amis, nous étions ; mais, des amoureux… Je ne crois pas ! Un homme qui ne m'a jamais montré qu'il me désirait et qui ne m'a jamais excitée… Gentil, tu l'étais, cher Nicolas ! Et tu l'es toujours ; amoureux, j'en doute. A supposer que tu le fus, je crois que dans les conditions actuelles, tout est foutu. Quant à moi… Quand bien même, un jour, j'aurais eu quelque sentiment pour toi, je crois que, aujourd'hui, cela ne veut plus rien dire du tout. Alors, va-t'en ! Hors de ma vue ! Sors de ma vie !

Nicolas retourna chez lui en méditant sur tout ce qu'il venait d`entendre. A la fin des vacances, avant qu'il n'effectue sa rentrée scolaire, Nicolas repassa voir Nicole et lui lancer, pour la dernière fois, ses cris de détresse.

Hélas, Nicole n'entendait rien. Cela se comprend parce qu'elle-même était en train de couler. Il n'eut pas le courage et l'énergie suffisante de le lui dire entre les quatre yeux. Ainsi, lui laissa-t-il la petite lettre ci-après.

« Ma très chère Nicole,
Mon être n'existait que dans ton être. Le tien sombre et le mien avec. A deux, on aurait pu gaillardement faire face à l'adversité ; hélas, je n'ai jamais représenté grand-chose pour toi. En me repoussant loin de toi, je me sens enfoncé dans ma nullité. Je me sens ''néant'' ! Et le néant n'existant pas, il ne peut pas dire ''Adieu''. Toutefois, étant ''néant qui sent'', peut-être que j'arriverais à survivre. Grâce à Dieu. »

Nicolas a pu poursuivre ses études et les pousser même jusqu'au plus haut niveau. Dix ans plus tard, il était devenu un grand richard mais avec un négativisme « anéantissant ». Se fiancer ne l'intéressait pas du tout ; le mariage lui faisait peur. Sa vie était matériellement remplie mais était vide de sens. Sa famille le harcelait sans cesse pour qu'il se marie ; ses parents voulaient avoir et voir leurs petits-enfants. Même sa promise était prévue.

On lui destinait Sandra, bien que celle-ci aimât énormément Billy. Comment une femme peut-elle aimer un homme pauvre et projeter de se marier avec lui ? Quelle aliénation que d'avoir de telles pensées ! Hélas, c'est cela la réalité dans les sociétés où ce sont « les vrais hommes » qui « portent toujours la culotte »

IV.2. Histoire de Sandra, Nicolas et Billy

Dans le cas de Sandra, sa famille l'obligeait à oublier le « petit » Billy pour se marier avec le « grand » Nicolas. Quand les aînés ont décidé, il n'y a pas à tergiverser. Et quand des mobiles matériels s'y mêlent.... Sandra n'a eu d'autres choix que de quitter son fiancé bien aimé, Billy-le-sans-fortune, pour épouser Nicolas-le-magnat.

Pourtant… Billy, ce licencié en économie, homme très intelligent, travailleur et dévoué à sa famille et à sa patrie, n'était pas dans l'indigence. Le cas a de quoi rendre malade l'intéressé ! Effectivement, quand Billy a appris que Sandra le quittait pour se marier avec Nicolas, il est resté alité durant plus de trois semaines.

C'est après cet incident, que Billy a rencontré Nicole, ancienne petite amie de Nicolas et est tombé amoureux d'elle. Ils se sont mariés après seulement 6 mois de fiançailles.

C'est à travers les dialogues de Billy et sa femme Nicole que la danse des ex a été ouverte.

Billy : Tu sais, chérie ! J`avais une fille que j'aimais plus que tout.

Nicole : Et alors ? Elle est où ?

Billy : Elle m'a quitté pour cause de mon indigence, le matérialisme de sa famille et le manque de personnalité de sa part. Elle s'est mariée avec le grand richard *Nicolas*.

Nicole : Nicolas? C'est mon ex petit ami. Nous avons été ensemble durant tout le 4ème cycle de l'Ecole Fondamentale. On s'asseyait ensemble. On a été sur le même banc depuis la classe de 7ème année jusqu'en 9ème année. C'est l'orientation après le concours national qui nous a séparés. C'est à cette époque-là que j'ai sombré.

Billy : Oh ! Tu sais tu es tombée mais tu t'es bien relevée : c'est cela le plus important. Tu sais… Dans la vie tout est relatif. Et quand il s'agit des choses matérielles, ce principe de relativité devient capital. Tiens, par exemple ! Nicolas et Sandra ont organisé des cérémonies de mariage les plus somptueuses du pays et classées, peut-être, parmi les dix de toute la région ; mais, leur bonheur conjugal n'a pas dépassé une année après leurs luxueuses noces.Dans la suite, tout a changé. Nicolas est tombé dans la débauche. Tantôt il rentrait ; tantôt il disparaissait de chez lui. Quand il rentrait, il était ivre mort et commençait à torturer sa femme Sandra. Et même leur bébé de deux mois n'était pas à l'abri. On raconte que, un jour, il l'a brûlé à la cigarette en le prenant pour un cendrier. Il reproche sa femme d'être infidèle et la bat pour cela. Mais Sandra ne sort même pas de leur concession ! Sandra aurait voulu retourner chez ses parents ; mais, tu sais comment les anciens réagissent. Sa mère lui a recommandé de « patienter », que c'est comme cela que les foyers se consolident. Il paraît que Sandra est allée voir sa maman pour lui raconter tout ; mais elle a campé sur sa position de gardienne de la tradition. Tradition, d'après moi, qu'il faut faire bouger.

Je vais te raconter la conversation entre Sandra et sa mère comme si tu y assistais.

> *Sandra :* « Je suis fatiguée maman ; je ne vois pas ce que je peux faire ».
> *Sa mère* : Qu`est-ce qui manque ma fille?
> *Sandra* : Maman, chaque fois qu'il entre dans la maison il me regarde en me disant que je suis nulle devant lui ; que je suis infidèle comme toutes les autres;
> *Sa mère* : Et toi? Que réponds-tu ?
> *Sandra* : Je lui demande pourquoi mais jamais il ne me répond.
> *Sa mère* : Eh ; ma fille peut être qu'il a appris des mauvaises histoires te concernant. Il faut faire attention! Ou bien lui-même aurait-il de vieux démons qui le hantent !

Nicolas a continué à maltraiter la femme qu'il m'a volée. Pour la simple raison qu'il serait plus riche que moi ! Tu comprends pourquoi cette histoire m'énerve et que je t'en parle. Un jour, il l'a battue sérieusement jusqu'à ce qu'elle ne pouvait plus tenir sur ses jambes et marcher. Là, c'en était trop ! Sa famille est venu la récupérer et l`emmener à la maison. Nicolas a gardé son fils sans aucun problème car l'enfant était et est resté aux petits soins de la nounou. Après trois jours, Nicolas rentra chez lui avec une autre femme, Sandrine. La nounou n'en revenait. Passant devant elle en titubant, Nicolas lança un « Et alors ! Hier je t'ai invitée dans mon lit. Tu n'as pas voulu ! Qu'est-ce que tu croyais ?

IV.3. Histoire de Nicolas et Sandrine

Après quelque mois, Nicolas a abandonné son fils. Celui-ci a été récupéré par Sandra, sa maman. Aujourd'hui le petit garçon vit chez ses grands-parents maternels, avec sa maman. Nicolas, ne vient jamais le voir. Il dit qu'il n'a pas de temps à perdre pour cela. Cela est indélicat, indigne pour un père. Sa seconde femme le lui rappellera.

En effet, quelques années plus tard, Nicolas a demandé à Sandrine, sa deuxième femme, de faire un enfant. La conversation a tourné à une leçon de morale.

Nicolas : Ma chérie ; il faut qu'on se parle.

Sandrine : De quoi ? Je t`écoutes !

Nicolas : Chérie ! Je veux que nous fassions au moins un enfant, fruit et gage de notre amour.

Sandrine (avec un sourire ironique) : Qu`est-ce que tu veux me dire? Tu répètes encore !

Nicolas : Que je te demande de me donner un enfant… Où est le mal ? Tu es ma femme, non ?

Sandrine (se mettant debout) : Qui t`a menti ? On met au monde grâce à Dieu. Ce n'est ni la femme, ni l'homme qui crée. Ni les deux réunis, d'ailleurs !

Nicolas : Mon chérie! Donne-moi une chance pour le faire. S`il vous plait ! Je veux un enfant

Sandrine : Tu veux un enfant ou bien tu veux un mendiant ? Et pour l'amour du ciel, je te dis franchement, pour la dernière fois, ne m'appelle plus ta chérie ; je m'appelle Sandrine. Tu le sais ! Ok ? Quand je suis arrivée dans ta maison, la veille tu avais invité ta bonne qu'elle vienne partager ta couche. Va donc lui demander qu'elle te fasse un enfant !

Nicolas : De quoi tu parles, mon amour ?

Sandrine (avec sarcasme) : Comment ? Tu m'aimes… Alors tu me traites comme si j'étais un enfant qui ne sait rien et qui ne voit rien. Un débile quoi !

Nicolas : Mon chérie ! Je ne comprends rien.

Sandrine : Tu ne comprends pas ou bien tu ne veux pas me comprendre ?

Nicolas : En vérité, je t'aime énormément !

Sandrine (en le fixant avec des yeux rouge de colère) : Et… Finalement, tu n'es pas normal. Quelque chose ne tourne pas rond chez toi ! Il y a quelque mois que tu as abandonné personnellement ton fils aîné… Ne parlons pas de sa pauvre mère que tu as jetée après l`avoir torturée alors que c'était celle que tu avais choisie parmi toutes les autres filles et qu'elle t`a donné un fils… Est-ce que tu te souviens de cela ?

Nicolas : Je ne l`ai jamais aimée.

Sandrine : Bien sûr que oui ! Et ta bonne, tu l'aimes ? Alors pourquoi t'étais-tu marié avec Sandra ? Et moi ? Depuis quand m'as-tu aimée ? Voilà ! C'est comme cela que vous nous trompez toujours. Ici, moi, c'est comme si j'étais au boulot. Je peux t`abandonner tout de suite. Comme toi-même tu l'as fait pour ta femme et votre fils aîné. Ta bonne…

Nicolas : A bon ! Tu veux m'abandonner ? Dans ma maison ? Me laisser seul, oui. Or, il y a tant de jeunes femmes qui attendent leur tour et qui seraient ravies de te remplacer.

Sandrine : Dans ta maison ? Dis-tu ? Ah bon ! Et d'ailleurs lève-toi et sors immédiatement. Cette maison est pour moi ! Tu me l`as offerte en cadeau, le jour de mon anniversaire. Les documents qui attestent la propriété sont en lieu sûr. Si tu continues à me casser les tympans avec tes blablas, je te chasse sans aucune autre forme de discussions.

Quelques mois après, s'adressant à Nicolas (son mari), Sandrine lui a fait « Ouste ! Out ! » Quand il a voulu résisté, Sandrine a fait appel à la police.

Quelques temps après, la maison était en vente. Une copine à qui elle avait demandé de l'aider à chercher un client pour la maison a voulu savoir pourquoi elle a viré Nicolas comme un malpropre. La réponse a été sans équivoque : « C'est ma mission depuis mon enfance ».

En vue d'expliciter, elle continua son histoire comme suit : « Ma mère a mené une vie très difficile à cause de mon père qui l`a mise enceinte de moi au moment où elle entrait juste à l'école fondamentale. Comme elle n'avait pas d'autres choix, elle s'est mariée avec lui alors que mon père avait une autre femme avec deux enfants. « Ce n'est pas vrai ! », s'exclama la copine de Sandrine.

« Ça c'est vrai ! » répondit Sandrine. Elle poursuivit son histoire en racontant… « Après un certain temps, mon salaud de papa a commencé à maltraiter ma mère. La famille de mon père disait que ma mère n'était là que pour consommer, que cette femme aau gros ventre et qui n'a aucun travail est un gros fardeau. Ma mère a été abandonnée dans les premiers jours de ma naissance. On disait que je ne ressemblais pas à man père et que donc je n'étais pas vraiment de lui. Ma pauvre mère est retournée chez ses parents mais sa famille n'a pas voulu l'accueillir. Elle l'a renvoyée… Dans la nature ! Grâce à Dieu, elle a trouvé un travail d'aide-maçon. Elle a fait ce travail plus de cinq ans en logeant dans les chantiers même. Et, ma chère, je t'épargne des histoires de chantiers. Je sais que tu es trop sensible. Tu comprends alors ma chère amie, dans quelles conditions, j'ai grandi. Tu comprends alors pourquoi je déteste les hommes. C'est peut-être pour venger ma mère et peut-être un peu pour me venger aussi. En peu de mots, je n'étais pas venue vivre avec Nicolas parce que je l'aimais. Non ! C'était juste pour m`amuser et faire le jeu de vivre comme les autres et puis… pouvoir pousser le pion de la vengeance quand cela me chante. C'est tout ! Sans oublier que la femme qu'il a abandonnée était ma meilleure amie ». « Tu veux dire que... » Bégaya sa copine. Et Sandrine de relancer : « Puisque je te dis que je n'aime jamais ! Je veux juste trouver un moyen sûr et un moment propice pour me venger. Me venger sur tout homme qui tomberait sous mes griffes. Voilà ! C'est cela ma grande mission ».

« Mon Dieu Seigneur ! » S'exclama encore une fois sa copine. Et, d'un air enjoué, Sandrine lui lança : « Quoi ? Ton Dieu Seigneur ! Tu sais ma chère, chez nous en Afrique, c'est très difficile de vivre sans un foyer car tout le monde te critique. C'est la culture. Mais moi, je m'en fous ! C'est quoi vivre comme tous les autres ? Je vis ma vie et en cassant du mâle pervers ».

La copine réussit à placer un mot et dit : « Mais, oui ! Nous devrions arrêter cette mauvaise manière de vouloir vivre comme les autres vivent ou de vouloir faire comme les autres quand bien même les contextes diffèrent. Nous devrions comprendre que chacun à son destin tout tracé et le suivre au lieu de perdre son temps à penser à la vie des autres ou à regarder les autres vivres. Il faut faire évoluer les mentalités traditionnelles ».

« Ça veut dire quoi? », interrogea Sandrine. La copine lui répondit : « Cela veut dire qu'on ne devrait pas se marier parce que tes amies se marient. En outre, au lieu de se marier avec celui ou celle que tu n`aimes pas, autant laisser tout tomber car il n'y a pas de bonheur là où il n'y a pas d'amour ».

L'échange entre Sandrine et sa copine continua autour de ce thème de l'amour et les couples.

Sandrine : Ma chère, aujourd'hui on ne cherche pas des amoureux car l'amour n'existe pas. On cherche ceux qui peuvent (donc ceux qui ont le pouvoir et l'avoir), autrement dit qui peut être le père de tes enfants et assurer. C'est pourquoi on doit avoir au moins trois hommes, le premier pour se marier, le second pour s'amuser et le troisième pour te conseiller.

La copine : Ok ! Même si tu penses que l'amour n'existe pas… C'est grâce à elle que nous existons. Ecoute… L'Amour existe. Seulement, nous le maltraitons. Par exemple, tes trois hommes-là ! Choisis-toi un seul, offre-lui tout ton cœur et tu sauras que l'amour existe vraiment et tu sauras comment il entraîne avec lui la joie de vivre et le bonheur. Evidemment, il faut d'abord te débarrasser de cette haine qui est en toi et cette soif de vengeance.

Sandrine : Tu n'as rien compris, ma chère !

La copine : Ma chère, la vie nous réserve beaucoup de surprises. Ce qui reste est de connaître comment nous en sortir. Au lieu de perdre du temps en pensant à nos passés et à nos stratégies de vengeance (luttes contre des démons du passé), utilisons ce temps pour réfléchir à comment mieux construire notre avenir. En peu de mots laisse ton passé derrière toi pour préparer ton avenir en commençant par aujourd'hui, ici et maintenant. Je trouve parfaite la phrase prononcée par Sa Sainteté le Pape Benoit XVI : "Il n'y a pas de saint sans passé et il n'y a pas de pêcheur sans avenir".

Sandrine : Je rêve ! Tu penses qu'il sera facile d'oublier ton passé ? Ma chère, les conditions dans lesquelles tu as évoluées dans les périodes passées de vie te marquent et te poursuivent. Tu sais? J'ai survécu dans des conditions terribles alors que mon père était un richard. Je ne connais ni père, ni tante ni oncle jusqu'aujourd`hui alors que ma supposée famille est très grande et influente. Et que veux-tu ? Je dois me réinventer.

La copine : Ma chère, n'attend pas un sourire pour être gentille ou d'être aimée pour aimer. Il faut prendre la décision de pardonner ton père et sa famille pour avoir aussi la paix. Ne fut-ce que la paix intérieure. Essaie, tu verras.

A minuit sonnante, Billy n'avait pas encore terminée son histoire. Nicole, les paupières lourdes, avec une voix à peine audible, elle dit à son mari : « Chéri, merci pour ta longue histoire. Demain, c'est mon tour. Tu verras... Ma propre histoire ressemble, en beaucoup de points, à celle que tu viens de me raconter. Reposons-nous. Dans la paix du Christ essentiellement ! En effet, celle des hommes suit nécessairement ».

CHAPITRE V

POUR UN FOYER-PARADIS TERRESTRE

Réussir à fonder un foyer où l'on vivrait comme dans un paradis ! Est-ce que cela est possible ?

Dans les temps actuels, il est très difficile de trouver quelqu'un qui t'aime sincèrement, celui ou celle qui te voue un amour tellement énorme pour te faire mener une vie paisible, épannouie, paradisiaque.

Prenons qu'il y en ait… On n'en trouve pas à tout bout de patelin. Cela est rare !

V.1. Facteurs qui entrent en jeu pour qu'une vie commune épanouie et harmonieuse soit possible

Beaucoup de facteurs entrent en jeu pour avoir deux êtres exceptionnels menant une vie commune épanouie et harmonieuse. Tout est Amour ! Tout est Destin ! Tout est Volonté divine ! Mais… « ***Imana irafashwa*** », dit la sagesse populaire burundaise.

Je m'adresse, par exemple, à tous les parents « aisés » qui négligent l'éducation de leurs enfants en donnant la responsabilité à leurs domestiques. Mesdames et messieurs, vos bonnes ou vos boys, *yaya*, nounous ou autres grooms jouent le rôle d'aide mais non pas de remplaçants.

Chères mamans, chers papas, vous ne pouvez pas vous faire remplacer par ces gens qui sont, certes, à votre service, mais qui n'ont rien à voir avec vos droits et devoirs de parent, de chef et de cheffe de famille.

Chers parents, vous devez vous souvenir de votre rôle dans vos foyers : ***Indero runtu*** (l'éducation à l'humanité) des enfants dépendent de vous. Ne fuyez pas vos responsabiltés. Pour cela, vous devez rester disponibles.

Cela n'est pas le cas quand vous imposez aux enfants des situations de divorce ou de gardiennage à domicile prolongé.

Pourtant… Au jour de votre mariage, vous avez juré que vous resterez ensemble dans les bons moments mais aussi dans les mauvais. Mais… Après quelques temps de mariage, vous changez, vous oubliez toutes vos promesses. Des promesses prononcées publiquement devant l'officier de l'Etat civil et les concitoyens ainsi que devant les représentants de l'Eglise et les chrétiens. Quand vous vous séparez, vous êtes dans l'égoïsme pur : chacun ne pense qu'à lui seul. Il en est de même quand vous prolongez exprès la garde.

Mesdames, Messieurs, prendre un minimum de temps pour l'éducation de vos enfants s'impose. Votre amour parental est déterminant. L'épanouissement des enfants fait le bonheur des parents. Cela n'est pas tout ! Non seulement cela vous aide à transformer vos foyers en un paradis ici sur terre, mais également cela apporte aux enfants un équilibre qui se révélera déterminant dans leur vie d'adultes.

Créer, dans un foyer, toutes les conditions d'un cocon paradisiaque ! Finalement cela n'est pas aussi difficile qu'on le pense. Il suffit de le vouloir et de se sacrifier pour cette bonne cause. Le voulez-vous ? Oui, c'est possible ! Ce n'est pas un mystère. Cela n'est pas sorcier. Il y a des couples qui y sont arrivé. Bravo à eux !

Cinq petites choses rendent possible le paradis sur cette terre, vivre avec la paix intérieure qui déborde et illumine sur l'extérieur.

Il s'agit de :
1. la conversation
2. le pardon
3. la persévérance
4. la gratitude
5. la bienfaisance

Voilà donc le secret pour vivre dans votre foyer comme dans un paradis. L'on court souvent avec le temps et le matériel tout en étant convaincu que l'on est en train de gagner sa vie et d'assurer celle des siens ; mais, en réalité, en ne consacrant pas ne fût-ce qu'un peu de temps à la famille, tout est hypothéqué.

On perd sa vie (son bonheur et le paradis des siens) en voulant trop la gagner. Certes, l'on pense trop au développement socio-économique de sa famille mais les autres aspects (psychologique, social, culturel, religieux, etc.) ne sont pas à négliger. Certainement pas !

Les cinq petites choses ci-haut énumérées assurent l'harmonie entre tous ces aspects et garantissent la vie paradisiaque dans un foyer.

Conversation, Pardon, Patience et Persévérance, Gratitude, Bienfaisance ! Ce sont là les ingrédients de la bonne sauce de la paix et du bonheur dans un foyer et même ailleurs, au-delà.

1. La conversation et le pardon

La conversation est l'échange entre deux ou plusieurs individus où l'un respecte l'idée de l'autre, où l'un donne le temps à l'autre. Au bout de l'échange ou du dialogue, chacun se sent enrichi, épanoui.

Le pardon est le fait de laisser passer l'offense. « (Notre père, qui es aux cieux…), pardonnes-nous nos offenses comme nous pardonnons aussi à ceux qui nous ont offensés »

C'est simple ! Il arrive sans doute que l'un(e) ou l'autre commette une faute ou fasse une erreur et qu'il y ait une agression ou une incivilité à l'endroit de l'autre ; cela est plutôt « normal ».

L'essentiel est de prendre le temps pour discuter sur ce qui s'est passé et de trouver la solution ensemble. Et il faut prendre le temps de demander pardon et de s'accorder ce pardon mutuellement.

Sans pardon, il n'y a pas de solution possible à une situation conflictuelle, il n'y a pas de médicament-antidote au mal qui ronge deux personnes ou deux parties en conflit.

2. La patience-persevérence

Ntazibana zidakomanyana amahembe ! Et... ***Ahari abantu hama urunturuntu !*** (Toute cohabitation crée des frictions ! Et... Il ne pourrait y avoir de société sans tensions relationnelles).

Un membre de la société peut commettre une faute envers son prochain ; il a été déjà dit que cela est plutôt « normal ». Le forfait peut être commis consciemment ou incosciemment (sans le savoir). A cet instant, l'on peut dire que l'individu est tombé et partant la la société a, elle aussi, basculé. Après la chute, il faut se relever et continuer sa route. Pardon demandé, pardon donné, pardon accepté, cela booste les individus dans leur évolution. Et cela remet à l'endroit la société.

Il pourrait arriver que le pardon tarde à être demandé ou à être gratifié : en ces cas, il faudra user de la patience. Pour le demandeur, il faudra de la patience et de la péreséverence tout en espérant que, un jour, celui qui a été offensé et à qui l'on demande le pardon puisse se sentir disposé à l'accorder et pouvoir même rendre service à celui qui lui a fait du mal.

3. Exprimer sa gratitude, ses remerciements

Exprimer sa gratitude (ses remerciements), dire « merci » est un geste symbolique que l'on fait chaque fois que l'on est gratifié d'un service ou d'un don de la part d'autrui. Quoi qu'il en soit, il est bon de dire « ***Urakoze !*** (Merci !) ». Dans les foyers, par exemple, si la femme invite son mari et les enfants à table, ceux-ci doivent dire « Merci Chérie ! », « Merci Maman ! ».

Il y a même un merci à adresser à celui/celle qui te dit « Merci ».

- ***Urakoze*** (Je vous remercie, Merci) !
- ***Korerwa*** (Je vous en prie, Pas de quoi, C'est moi qui vous remercie) !

Mais… On ne saurait pas échanger ces civilités si l'on ne se voit pas et si l'on n'a pas le temps d'échanger.

V.2. La vie de couple d'Alex et Sarah

Alex est un homme d'affaire. Il travaille jour et nuit pour que sa famille mène une vie décente, une vie aisée.

Il travaille tellement dur, jour et nuit, qu'il en oublie que sa famille a besoin de sa présence. Chaque fois que sa femme, Sarah, lui demande du temps pour converser, causer, il lui répond qu'il n'a pas de temps. Comme preuve à l'appui, il lui montre son agenda et lui dit que le jour ne dure que vingt-quatre heures et n'est pas élastique. Chaque fois qu'elle lui demande un temps pour sortie lèche-vitrine, chopping, soirée-spectacle, cinéma ou restaurant, il délègue son chauffeur. Comme ses enfants voient quasiment tous les jours le chauffeur de leur père, le plus jeune a fini par croire que ledit chauffeur c'était lui son papa.

Un jour, Alex est rentré chez lui ; il est arrivé vers midi, avec son chauffeur. Dès que son enfant a vu la voiture arriver, il est sorti tout en criant, à tue-tête, « Papa ! Papa ! Papa ! ». Très euphorique, il est allé embrasser le chauffeur de son père qu'il reconnaît que c'est lui son papa. Ce dernier (le père-patron) a piqué une crise de jalousie envers son chauffeur, qui l'a presque remplacé dans le rôle de père.

Alex : (furieux, en retournant la tête vers son chauffeur, avec une voie tonnante) : Peter, c`est quoi ça ? Depuis quand tu es le papa de mon fils? Depuis quand tu es devenu son père ? Dis-moi. Je ne comprends pas !

Peter : Moi non plus, patron ! Je n'y comprends rien du tout. Peut-être qu'il ne vous connait pas car il ne vous voit pas beaucoup. Même les cadeaux que vous lui achetez, c'est moi que vous envoyez pour les lui offrir.

Alex (avec beaucoup de détresse dans la voix) :
Nooon ! Et non ! Mon fils… Je me sacrifie pour toi et ta maman, je travaille jour et nuit pour pouvoir satisfaire tous les besoins de toi et de tes grands frères et soeurs... Rendre heureux ma petite famille ! Et tu ne me reconnais même pas ! Moi et mon employé-commis-chauffeur, tu n'arrives même pas à nous distinguer ! En ma présence, tu vas embrasser le chauffeur ! Mon fils, c'est moi ton père, qui t'aime plus que tout.

Le père vociférant, le bébé braillant, cela faisait tout un boucan. Sarah sortit pour voir ce qui se passait. Alex, la voyant s'approcher, exigea des explications. « Sarah ! Qu'as-tu fait à notre fils pour qu'il ne se souvienne pas que son papa, c'est moi ? » Gronda-t-il. Et Sarah, répondit, avec tout calme du monde.

Sarah : Alex, calme-toi ! Justement, je suis ici pour t'expliquer tout ce qui ne va pas dans cette famille. Alors, pourquoi cries-tu comme un malade ?

Alex : D'accord ! Je me calme. Alors, je t`écoute, mon amour. Parle !

Sarah : Ton quoi?

Alex : Mon amour !

Sarah : Mon amour ! Mon amour ! Alex, arrêtes ! Je t'en prie ! Tout ça, c`est de ta faute.

Alex : Mon amour ! Qu'est-ce que cela signifie ? Je travaille très dur pour éviter, à ma famille, tout souci matériel, je me décarcasse jour et nuit pour que ma famille garde une vie aisée mais tu m'accuses de négligence ? Regarde bien ! Vous vivez dans une belle maison, vous mangez tous ce que vous voulez, vous vous habillez comme vous voulez, vous sortez quand vous le désirez et un chauffeur est à votre disposition à tout moment… Vous êtes une famille gâtée ! Vous vivez comme dans le Jardin d'Eden, un rêve paradisiaque… Tout cela grâce à qui ? Grâce à moi ! Et voilà votre recompense. Merci !

Sarah : (battant des mains trois fois) : Le paradis ? Hum ! Je pense que tu ne connais pas ce que cela signifie, une vie paradisiaque. Je te le répète, mon cher, les belles maisons, les repas bien préparés, les voitures avec chauffeurs ne signifient rien pour moi… Je suis venue ici pour toi et non pas pour ta richesse. Si ce n'était que pour le matériel, même chez mon père, il y en avait une plus grande richesse qu'ici chez toi. N'oublie pas. ***N'iwacu ibigori vyari vyeze*** (Même chez mes parents, le maïs était prêt à être à la récolte) de l'abondance, il y en avait même chez mes parents ! N'est-ce pas, Alex ? Alex, je t`aime… J'ai besoin de toi, de ton affection, de ton temps, de ton regard, de tes caresses, de ta conversation… Il en est de même pour notre fils : ce dont il a le plus besoin, c'est toi. Ce ne sont pas de tes cadeaux qu'il a besoin mais bien de ta présence, de ton affection.

Peter : Patron ! Ne croyez pas que le plus important que l'homme a à partager avec sa famille c'est son avoir…. C'est surtout sa disponibilité. Souviens-toi de l'histoire de Marie et Marthe quand Jésus est passé leur rendre visite.

Sarah (en pleurant) : Alex,…regarde même ton bébé ne te connaît pas ! Pourquoi ? Parce que tu n'es jamais là ! Mais tu continues à t'expliquer que tu nous néglige parce que tu dois gagner notre vie ! Eh bien, sache alors que tu la perds en voulant trop la gagner. L'argent ne signifie pas tout ! L'argent ne donne pas la joie… L'argent ne fait pas le bonheur s'il devient une fin et non un moyen. Si l'argent devient l'obsession, au lieu d'être la source de la joie, il devient la cause de la destabilisation des familles. L'argent fait abandonner les parents, les frères et sœurs, pousse à délaisser conjoint(e)s et enfants, à oublier amis et tout… Voilà que tu ne n'arrives plus à me donner même pas cinq minutes pour un simple échange… Non ! Ce n'est pas seulement le boulot qui t'accapare : tu dois avoir trouvée d'autres « préférées ». Je sens que tu me trompes ! Alex, qu'est-ce que je t'ais fait de mal pour que tu m'afflige cela ? Es-tu mon mari ? Tu es quel genre de mari ? Avons-nous eu des enfants ensemble ? Quel genre de père es-tu ?

Alex : Sarah, je te comprends parfaitement. Mais… Je ne sais pas ce qu'il faut faire. Je croyais que je fais tout pour vous rendre tous heureux… Et voilà que personne n'est content !

Peter : Vous savez, Patron… Aujourd'hui, plusieurs personnes divorcent à cause du manque de communication franche et régulière dans leur foyer. Le boulot nous fait parfois oublier nos responsabilités et rôles familliaux. On court trop derrière les avoirs et l'on oublie tout le reste ! La seule chose qui compte pour la stabilité et l'harmonie du foyer est l'amour, la conversation et le pardon. Patron… Donc, si vous voulez que votre foyer soit solide, stable et exemplaire, vous devez vous réserver assez de temps à consacrer à votre famille. Patron ! Organisez-vous sinon vous vous retrouverez seul dans cette jolie et grande villa.

Sarah (toute en pleurs) *:* Chauffeur Peter, toi, tu es un sage ! Tu dis vrai !

Alex : (s'approchant de sa femme et essuyant les larmes qui coulent sur ses joues) : Sarah ! Tu sais que je t'aime énormément. Je te demande pardon… Pardonne-moi ma chérie. Je n'ai que toi ! C'est toi qui as changé ma vie ; c'est toi a transformé toute ma vie. C'est toi qui m'as comblé de joie et d'amour. Tu es ma femme, la mère de mes enfants et mon « tout ». Pardonne-moi ma chérie. Donne-moi une chance de te prouver que, avec cette discussion, je viens de prendre concience qu'il y a de petites attentions qui déterminent tout dans la vie familiale.

Sarah : Moi aussi je t'aime, mon chou ! Et je t'ai déjà pardonné. Mais évite de me donner des occasions de te haïr. Mon chéri, au lieu de chercher de devenir une personne qui a uniquement du succès dans les affaires, essayez de devenir un homme de valeur, un mari et un chef de famille exemplaire. Le temps que tu vas donner à ta famille, rendra heureux notre foyer : la paix et l'harmonie déborderont et notre lumière éclairera toutes les autres familles environnantes. Mon cher mari bien-aimé, ce n'est que comme cela que tu deviendras un homme de valeur. Mon chéri ! Merci pour ce moment !

Alexis : C'est moi qui te remercie, mon amour. Et je te promets que, par l'infini, je multiplierai de tels moments.

Ils s'embrassèrent directement et longuement tout en se susurant à l'oreille des « mercis » et des « je t'aime » sans fin. Leur enfant alla les enlacer au niveau des mollets en criant « Papa-maman, Maman-papa » sous les applaudissements de Peter tout souriant.

Alexis se pencha pour prendre son bébé dans ses bras et passa le seuil de sa maison, suivi de sa femme.

Peter, adossé ture de son à la portière de la voiture de son patron, il dit à haute voix : « C'est cela, la réconciliation ! ». Il comprit que le bébé de son patron ne l'appelera plus « Papa » ; mais, il en fut très heureux.

V.3. Leçons à tirer de l'histoire d'Alex et Sarah

Quelles leçons tirées de cette histoire de vie d'Alex et Sarah ?

1. Cher(e)s époux/épouses ancien(ne)s, récent(e)s et futur(e)s, il y a un dicton burundais qui rappelle que « les relations conflictuelles sont inhérentes à toute société » (***ntazibana zidakomanya amahembe***).
2. Cher(e)s époux/épouses ancien(ne)s, récent(e)s et futur(e)s, « Qui aime bien chatie bien » disent les français. Gardez-vous de tout ce qui viendrait vous poussez à transformer votre amour, votre passion amoureuse en des sentiments de haine, en une volonté de bien châtier. On ne comprend jamais la valeur de l'amour sans avoir été trahi ou haï ; on ne comprend jamais la valeur de la paix sans avoir vécu la guerre, les injustices et l'insécurité qu'elle engendre.

3. Le pardon est le pricipal carburant qui donne assez d'énergie à ceux qui sont tombés pour qu'ils puissent se relevés.

4. Mieux vaut prévenir que guérir ! Evitons les grandes chutes

Ce qui cause des malentendus (la mésentente) dans les foyers, c'est notamment :

- ✓ Le mensonge
- ✓ La mauvaise communication
- ✓ Le manque de confiance en son / (sa) conjoint(e) (par exemple, ne pas divulguer ses programmes à son époux / (épouse)
- ✓ Le manque de dialogue
- ✓ L'infidélité

- ✓ L'ignorance
- ✓ L'irresponsabilité
- ✓ L'intolérance et la haine viscérale
- ✓ Etc.

5. On ne comprend jamais la valeur de l'amour sans avoir été haï ; On ne comprend jamais la valeur de la paix sans avoir vécu la guerre, les injustices et l'insécurité qu'elle engendre. Mais dans tout cela, il faut savoir rester posif, savoir demander pardon et pouvoir pardonner sept fois septante comme dit l'Evangile.

6. Le secret de reussir, de pouvoir aller plus loin, d'être un homme ou une femme de valeur... C'est la persévérance. Il ne faut jamais juger l'avenir d'un homme ou une femme par son présent. Dans la vie, il ne faut jamais abandonner aux premiers coups de tonnerre.

7. ***Ntukigishe abana bawe kuba abatunzi urabigisha kuba ico bumva kiri muri bo, niho bazoba ari abantu b'agaciro***. Il ne faut jamais sous-estimer un homme ou une femme en ne considérant que son apparence ou les signes extérieures de sa richesse

8. Il ne faut jamais croire que toutes les femmes vont épouser les hommes qui ont déjà réussi ici sur terre. Il y en a certaines d'entre elles qui ne croient qu'à la beauté et à la richesse intérieures des hommes qui les obsèdent. Elles s'engagent à courir derrière ces hommes merveilleux jusqu'à ce que ces derniers demandent leurs mains à tout prix.
Une grande dame n'est pas celle qui épouse un homme pour son argent mais celle qui épouse un homme pour ses valeurs et qualités.

9. La femme est une amie de l'homme. La femme, on l'appelle également Eve, c'est-à-dire mère. Dans toute femme, il y a un projet d'être maman.

10. La femme digne de ce nom, ne porte pas de beaux habits alors que ses enfants sont mal nourris ou n'ont rien à manger ou alors qu'ils manquent de tout. Elle aurait honte de porter de gros bijoux alors que les enfants n'ont rien à manger, ne vont pas à l'école. Une bonne mère ne pourrait pas se saper alors que ses enfants vont presque nus. A quoi bon qu'elles fassent leur toilette et s'occupent de leur beauté alors que leurs enfants sont sales, malpropres ?.

11. Une femme, qui accomplit son role d'être maman, donne la vie. Dans un couple, c'est papa qui a plus de soucis que maman, c'est lui qui pense à la famille plus que la maman, c'est lui qui protége la famille, etc. La maman reste en retrait, flanquée. Mais...

Une femme intelligente pense toujours à ses enfants. Dans toutes les circonstances qu'elle a à traverser, elle pense à sa progéniture. Toutefois, la tâche devient moins lourde qaund on est à deux. En l'absence de l'harmonie du couple, quand les époux ont accepté le divorce (réel ou symbolique), les enfants sont perdus. Ces derniers peuvent devenir des prostitués, des déliquants, des bandits, des voleurs, des criminels, des dépravés, etc.

12. Il faut lutter pour la sagesse du monde. Et nous sommes le produit de cette sagesse. Nous sommes de bons pasteurs, de bons prêtres et de bons maris parce que nos parents ont vieilli ensemble et contribué à la sagesse du monde.

La femme, en tant que mère, est une source de la vie, de l'équilibre et de l'harmonie.

Attention ! Les femmes, vous n'êtes pas les mamans de vos enfants seulement, vos époux aussi ont besoin de vous ; ils ont besoin de votre affection. Les hommes sont des éternels bébés. Ils ont nés comme ça. Je ne sais pas pourquoi ! Mais, le monde est fait ainsi. Nous aimons ça comme cela.
13. Un homme/une femme doit être l'amie unique de son/sa conjoint(e). Femme/homme, ne permettez jamais un(e) ami(e) de votre conjoint ou le groom/la *yaya* de la famille s'immiscer dans votre amitié. « Ne jouez pas à fourrer de la braise dans vos haillons (***Ntimugakwegere agakara mu gashambara***) ».

14. La femme est une source de joie, de vie, de bonheur, etc. de son mari et de toute sa famille. Celui qui trouve une femme digne de ce nom est un veinard : il a trouvé son bonheur, son paradis. La présence de ta femme dans la vie t'apporte les bénédictions.

Cela est aussi vrai pour le mari. L'homme est une source de joie, de vie, de bonheur, etc. de son épouse et de toute sa famille. Celle qui trouve un homme digne de ce nom est une veinarde : elle a trouvé son bonheur, son paradis. La présence de ton homme dans la vie t'apporte les bénédictions.

15. Les hommes doivent savoir que leurs épouses ont besoin d'eux. Les hommes raffolent que leurs épouses les séduisent ; les femmes aiment, elles aussi, que leurs hommes les cajôlent. Pour cela, il faut des moments intimes, du temps commun pour les époux.

Les couples devraient savoir que de tels moments intimes, ce temps commun aux époux est un temps sacré, qui ne saurait être remplacé par nulle autre chose au monde.

CONCLUSION

Ce livre nous montre que quand on se marie sans amour on finira par divorcer et qu'un foyer sans amour et comme une maison sans fondation et qui est construite sur du sable mouvant.

Se marier sans amour ou sans programme, c'est tomber dans un piège duquel il est difficile de sortir. Des mariages de raison, des amours de profit ont toujours une fin insensée. Les conséquences de tels amours sont toujours fâcheuses.

Enfin, je m'adresse à vous mes sœurs et frères en vous demandant d'être forts et de prendre la décision de dire « Non » si c'est nécessaire. Il le faut pour protéger votre amour et pour vous préparer, à l'avance, à devenir de bons maris ou des épouses irréprochables.

AMOUR, SEXE, HAINE, MARIAGE ET DIVORCE

Qu'est-ce que l'amour ? Qu'est-ce que la haine ? Amour, sexe et haine… Existe-t-il des interrelations entre ces trois concepts ?
Le mariage se veut être une union d'un homme et d'une femme pour le cru et le cuit, pour le meilleur et pour le pire, jusqu'à la mort (*gusangira akabisi n'agahiye gushika gupfa*) ! Alors… Pourquoi le divorce quand on sait que la séparation des parents sacrifie le fruit de leur amour ?
A cœur ouvert, l'auteure livre ses réflexions.

Pamela MUGISHA est née en 1990 à Kinga, en commune de Kayanza.
Elle a un diplôme de Bacalauréat en Gestion et Admnistration de l'Université Lumière de Bujumbura.
Actuellement, elle est accompagnatrice de guérison et Animatrice dans la Pastorale familiale.
Le cinéma, la poèsie et l'écriture sont ses hobbies.

Pamela MUGISHA

AMOUR, SEXE, HAINE, MARIAGE ET DIVORCE

Printed by Books on Demand GmbH, Norderstedt / Germany